Civilização Planetária

LEONARDO BOFF

Civilização Planetária

Desafios à sociedade e ao cristianismo

SEXTANTE

Publicado originalmente com o título: *Nova Era: A Civilização Planetária*

Caixa Postal 92.144 – Itaipava
25.741-970 – Petrópolis – RJ – Brasil
www.animus/anima.com

assessoria jurídica
Cristiano Monteiro de Miranda
e-mail: crismiran@terra.com.br

revisão
Antonio dos Prazeres
Clara Diament
Sérgio Bellinello Soares

capa
Moema Cavalcanti

projeto gráfico e diagramação
Marcia Raed

impressão e acabamento
Lis Gráfica e Editora Ltda.

CIP-BRASIL. CATALOGAÇÃO-NA-FONTE
SINDICATO NACIONAL DOS EDITORES DE LIVROS, RJ

B661c

Boff, Leonardo, 1938-

Civilização planetária: desafios à sociedade e ao cristianismo / Leonardo Boff. – Rio de Janeiro : Sextante, 2003

ISBN 85-7542-083-6

1. Século XXI – Previsões. 2. Igreja e o mundo. 3. Civilização moderna – Aspectos sociais. I. Título.

03-1712. CDD 261
CDU 261

Editora Sextante / GMT Editores Ltda.
Rua Voluntários da Pátria, 45 – Gr. 1.404 – Botafogo
22270-000 – Rio de Janeiro – RJ
Tel.: (21) 2286-9944 – Fax: (21) 2286-9244
Central de Atendimento: 0800-22-6306
E-mail: atendimento@esextante.com.br
www.sextante.com.br

Sumário

Introdução 7

parte 1

Emergência de uma Nova Civilização Planetária 9

1 • Nova Natureza do Progresso Tecnológico 12
2 • Processo de Globalização 36
3 • A Emergência de uma Nova Consciência Planetária 50
4 • O Sentido da Globalização Atual: A Criação de uma Noosfera? 57
5 • A Contribuição do Cristianismo para a Nova Civilização 61
6 • Conclusão: Fidelidade ao Sonho Maior 71

parte 2

A Nova Ordem Mundial e o Cristianismo 75

1 • A Crise Mundial na Perspectiva Ética e Política do Sul 78
2 • As Razões da Crise Mundial 85
3 • Rumo a uma Nova Aliança 91
4 • Em que Medida o Cristianismo Ajuda a Construir o Século XXI 98
5 • Conclusão: Todos Somos Águias 107

parte 3

Conclusão 109

Carta da Terra 115

Introdução

Mais e mais se consolida o processo de globalização que se dá pela via do mercado, da política, da estratégia militar, da tecnociência, da comunicação e da espiritualidade. Junto emergem um novo tipo de consciência, o patamar planetário, uma nova lógica, a da complexidade, e uma nova cosmologia. Esta nos faz ver a Terra como parte do cosmos ainda em processo de evolução. Contemplada a partir da perspectiva dos astronautas, ela surge como um planeta azul e branco, não como uma nave inerte, mas como um imenso organismo vivo, Gaia, realidade una e diversa, contraditória e complementar, nossa pátria (pai) e mátria (mãe) comum. O ser humano se entende como filho e filha desta Terra, emergindo de forças e energias ancestrais que estão atuando no universo há bilhões de anos.

Esta unificação demanda um cérebro central. Os meios de comunicação, as interdependências de todos com todos em todos os campos e em todos os momentos, o crescimento numérico das mentes humanas cada vez mais conscientes das inter-retrorrelações entre elas funcionam como os neurônios do sistema-Terra. Caminhamos rumo à irrupção de uma nova consciência coletiva – uma noosfera – como anteriormente emergiram a litosfera, a atmosfera, a biosfera, a antroposfera? Estaríamos na antevéspera da irrupção de um novo fenômeno no processo da cosmogênese?

Como fica o mundo dos dois terços que são os filhos e as filhas órfãos da Terra na dinâmica do mundo planetizado?

Qual a função das religiões, nomeadamente do cristianismo, na elaboração daquilo que liga e re-liga todos os fenômenos, portanto, na elaboração do campo religioso, como decifração do Sagrado e do Mistério que se anuncia dentro desta realidade emergente e que pode conferir unidade e centralidade à experiência humana?

Qual a responsabilidade de cada um ao fazer a sua revolução molecular para poder acertar o passo com a caminhada maior, ficando no seu local, mas dimensionando-se para o global?

Para nova música, novos ouvidos.

As reflexões deste livro são apenas iniciais e tateantes. Visam aguçar os ouvidos dos leitores para que se acostumem com a nova música. E se unam à sinfonia de toda a humanidade, esforçando-se para criar uma Terra unificada na participação, na justiça, na amorização e na paz.

Rio de Janeiro, Páscoa de 1994.

parte 1

Emergência de uma Nova Civilização Planetária

Uma perspectiva a partir do grande Sul

Há consenso quase unânime hoje entre os analistas da sociedade mundial de que estamos passando por uma grande mutação cultural e civilizacional. Estamos entrando numa nova fase do processo de hominização, num novo patamar da consciência e numa nova era para o planeta Terra. Isso não é indiferente às religiões mundiais e ao cristianismo, que pretende deter e anunciar uma mensagem válida para todos os seres humanos e também para o sentido do universo.

Antes de fazermos um juízo crítico sobre esta pretensão e sobre a incidência do processo de globalização com referência ao cristianismo, precisamos captar o fenômeno e a lógica que comanda seu processo. Ele está se realizando especialmente em três vertentes: por uma mutação tecnológica, pela globalização da economia de mercado e pela emergência de uma nova consciência planetária. Vejamos, rapidamente, cada uma destas forças que constroem uma nova civilização.

1
Nova Natureza do Progresso Tecnológico

Como o mostrou o antropólogo brasileiro Darcy Ribeiro, em sua notável obra *O processo civilizatório* (1968), as mutações civilizacionais começam a se apresentar pela introdução de novas tecnologias na dialogação das sociedades com o mundo e entre os vários atores da sociedade. Efetivamente está ocorrendo um processo acelerado de mutação tecnológica. Consideremos alguns passos.

Do neolítico até os anos 50, a humanidade conhecia e fazia uso de duas características da matéria: sua massa e sua energia. A massa foi particularmente investigada e aplicada pela física clássica de Newton e Galilei a partir do século XVI. A energia foi o objeto de grande pesquisa no século XIX e até meados do século XX. Massa e energia, particularmente a energia elétrica e nuclear, sustentam os projetos de industrialização e tecnificação do mundo para criar aparatos de toda ordem e facilitar as condições de vida.

A natureza contém outra dimensão até agora ainda inexplorada, a *informação*. Cada ser existente, vivo ou inerte, é portador de informações que podem ser captadas, medidas (bit =

binary digit), estocadas e computadorizadas. Elas são embutidas dentro de máquinas sob a forma de comandos, como estamos acostumados a lidar com vários aparelhos domésticos digitais (TV, lavadora, telefones eletrônicos, computadores) e a ver nos satélites artificiais de comunicação e nas naves espaciais.

As telecomunicações, a biotecnologia (a cadeia ADN-ARN do genoma humano contém todas as informações para a constituição do ser humano), a informática e a robótica expressam tecnicamente esse novo conhecimento da realidade que é a informação. Sua aplicação traz vantagens evidentes para os cálculos, para a modelização de fenômenos e para os comandos de todos os tipos, inclusive em nossos automóveis comuns.

Essa nova realidade introduziu um novo alfabeto, o da informática. Tornou a realidade mais invisível e miniaturizada. O consumo de energia para a informatização é mínimo; extrair um bit de dado custa apenas 10^{-16} de um grau de calor na escala Kelvin. Cria-se também uma nova relação com o tempo e o espaço. Com um computador portátil (pouco espaço) fazem-se cálculos complexíssimos com uma velocidade espantosa (tempo recorde) e com consumo mínimo de energia (quatro baterias).

O efeito dessa mutação tecnológica sobre as relações sociais de trabalho é direto: dispensa continuada e irrecuperável da força de trabalho e exclusão crescente da participação humana no processo de produção.

Estamos inaugurando uma sociedade informacional em grande escala e automatizada de forma crescente. A economia muda. Ela não é mais dominada pela escassez e raridade das matérias-primas, mas pela reprodutibilidade de bens e serviços a custos baixíssimos.

As mutações são de tal ordem que significam muito mais do que uma nova revolução industrial dentro do paradigma convencional de desenvolvimento, como quer A. Toffler (em seu livro *A terceira onda).* É isso também, mas traduz verdadeiramente uma viragem nova no eixo da história porque deixa para trás conceitos-chave de construção e entendimento da sociedade, do processo evolutivo e do sentido de nossa passagem por este universo.

Por exemplo, a informatização produz grande crescimento quantitativo sem gerar empregos, pior ainda, destruindo empregos em setores importantes da indústria, da agricultura e dos serviços. Ela mais e mais prescinde do trabalho humano.

De uma sociedade de pleno emprego para uma sociedade de plena atividade

Até hoje toda a produção e grande parte da cultura estavam baseadas no trabalho humano. As constituições das nações enfatizam a centralidade do trabalho. A declaração universal dos direitos humanos, em seu artigo 23, estipula que "toda pessoa tem direito ao trabalho, à livre escolha de seu trabalho e a condições eqüitativas e satisfatórias de trabalho e à proteção contra o desemprego". O trabalho emergia assim, tanto para o capitalismo quanto para o socialismo, como o construtor do mundo e da cultura, como um direito humano fundamental, como a forma mediante a qual o ser humano se constrói a si mesmo, como plasmador de seu destino. O desemprego, na sociedade clássica, significava um disfuncionamento passageiro. O ideal visado pela sociedade era criar o pleno emprego para todos. Inadmissível seria compreender e aceitar o desemprego como conseqüência de uma nova revolução tecnológica. Tudo era montado para dar emprego e trabalho a todos. Ora, é exatamente o contrário que está ocorrendo de forma irrecuperável. O aparelho produtivo informatizado e robotizado produz mais e melhor e com quase nenhum trabalho humano. A produção excede as necessidades dos países ricos. Desfez-se a conexão produção versus necessidade. A questão é nunca deixar de produzir cada vez mais. Em razão desta lógica devem-se suscitar, mesmo artificialmente, necessidades para satisfazê-las mediante uma maior produção.

Se bem repararmos, a questão nem está fundamentalmente na produção, mas no controle dos mercados. Produzir é relativamente fácil. Difícil é vender. Por isso cada empresa deve criar o mercado para a venda do produto. Daí a prioridade da comunicação sobre a produção. É a comunicação que subjaz ao mercado. A ela cabe suscitar as necessidades e direcioná-las aos produtos lançados no mercado. O setor de comunicação é o mais dinâmico nesta revolução cultural tais como *mass media,* publicidade, bens chamados culturais como cinema, música, foto, decoração, design, modas, turismo, esporte, diversão, shows, cursos e jogos. A própria alimentação se transformou numa comunicação, as pizzarias, as churrascarias, as cozinhas self service, os hambúrgueres, as redes McDonald's e Bob's e a Coca-Cola.

Ora, a aplicação cada vez mais intensiva da tecnologia de informação gera estruturalmente dispensa de mão-de-obra.

Aqui está a grande questão que afeta todos os países do mundo, mesmo os pobres, pois estes também introduzem na máquina produtiva as novas tecnologias.

Sempre se elaborou o sonho da libertação do reino da necessidade de trabalhar sob condições fatigantes, repetitivas, desgastantes e desumanizadoras. Suspirava-se pelo reino da liberdade de criar, de desfrutar e de se autoproduzir sem coações limitadoras. Nesse contexto se fala de ócio criativo ou de trabalho emancipado. Ora, a forma de produção atual produz a exclusão do mundo do trabalho. Com ele se seguem a exclusão social e o sentimento de inutilidade e até de vergonha.

As altas taxas de desemprego verificadas nos países informatizados são estruturais e permanentes. Devem-se, em grande parte, a essa nova fase da sociedade humana.

Entre 1970 e 1990 e mantendo os mesmos níveis posteriormente, o desemprego na Europa passou de 2,4 para 16 milhões de pessoas (10% da população ativa). Atualmente os pobres somavam mais de 50 milhões de pessoas. Nos EUA existem mais de 35 milhões de pessoas no nível de pobreza.

A informatização e a robotização, com as relações desiguais no comércio internacional, favorecendo os países ricos, à custa dos pobres, produziram este fenômeno surpreendente: nos últimos trinta anos a Europa triplicou sua riqueza e ao mesmo tempo diminuiu em um quarto o tempo de trabalho.

À medida que cresce a abundância de bens e de serviços produzidos pela informatização, cresce também o número dos excluídos do emprego e dos excluídos sociais. Bem escrevia Jacques Robin, diretor de Transversales, Science et Culture de

Paris: "A história da aplicação tecnológica pode ser lida, de uma parte como do melhoramento do nível de vida, mas doutra como sucessão de duas formas de pobreza: o pauperismo e o desemprego, a primeira vinda do trabalho, a segunda de sua ausência" (*Les chemins vers une société de pleine activité et non plus de plein emploi,* Sevilha, 17-18 de setembro de 1992, p. 9).

Há nisso tudo um enorme agravante: os ganhos por esses avanços tecnológicos não são socializados, beneficiando toda a população, mas são reinvestidos em tecnologias mais avançadas para as empresas se fortalecerem na concorrência, permanecerem no mercado e produzirem ainda mais.

A lógica desse tipo de desenvolvimento informacional prolonga a perversidade da lógica presente no modelo capitalista de desenvolvimento: o primado do quantitativo sobre o qualitativo, o privilégio do capital e dos meios novos de produção sobre a pessoa humana trabalhadora; a predominância do material sobre o humanístico, sobre o ético e sobre o espiritual.

A realidade é a imagem

Estamos, portanto, diante de uma nova natureza do desenvolvimento técnico, originando uma nova natureza da relação social. A base não é mais o trabalho, mas a comunicação e a informatização.

Outro elemento compõe a nova civilização, a imagem, fruto da informatização. Observador atento das mudanças mundiais, o teólogo da libertação, vivendo no Brasil, José Comblin escreveu com acerto: "Na atualidade está se formando outra concepção da vida: o papel da pessoa na sociedade, ou, melhor dito, no espetáculo da sociedade, é mais importante do que o trabalho. Por isso as atividades sociais, de representação, de diversão, de espetáculo são as mais importantes. Para um empresário, mais importante do que o trabalho são as entrevistas dadas à imprensa e à TV. O trabalho é o meio de acesso a um certo status social, uma figuração. Não vale pelo trabalho, mas pela figuração que permite. No trabalho o que importa não é a produção, mas o prestígio que confere, a iluminação que dá ao sujeito na sociedade" ("Sinais dos tempos no final do século XX". *In:* Vários, *Vida, clamor e esperança,* Loyola, São Paulo, 1992, pp. 31-41).

Nesta sociedade em mutação, a realização de si mesmo constitui a preocupação principal; nem sempre esta realização passa pelo trabalho, pois pode passar por outra atividade qualquer, ocupação alternativa e autônoma, como, por exemplo, no estabelecimento de uma pousada para fregueses ecologicamente interessados, ou serviços para satisfazer hobbies pessoais ou curiosidades como visitas aos lugares históricos de uma região ou a exploração do nicho ecológico de um recanto pitoresco qualquer, etc. Daí a importância, nesta nova fase, do tempo livre, das férias em função das quais se trabalha o ano todo. O fim de semana livre é mais importante que os demais dias de trabalho da semana.

A própria vivência da sociedade muda. Antes conhecia-se a sociedade pela participação nela através de mil e uma atividades. Era a cidadania ativa. Agora pelos meios de comunicação. Sabemos o que se passa na nossa cidade por aquilo que o rádio, a televisão e os jornais mostram. A cidade virou um grande espetáculo: são os shopping centers, as vitrines, os jogos, os shows. Tudo se transformou em imagem dos *mass media.* O que a TV não noticia não existe e não aconteceu. O espetáculo é mundial, dos jogos olímpicos, dos campeonatos internacionais de futebol, do show-business, dos grandes cantores como Pavarotti, Carreras, Elton John e os Beatles e até dos conflitos e das guerras, como as duas contra o Iraque, guerras fundamentalmente mediáticas e tecnológicas. Todos participam na TV do desenrolar das batalhas e tranqüilamente torcem por um dos contendores como se estivessem numa disputa esportiva.

Todos se transformaram em espectadores e querem sê-lo. É pelas imagens que os cidadãos se contemplam e projetam sua identidade. E a identidade de uma pessoa é mais e mais a imagem que se projeta dela para os outros e menos o que ela é em si mesma em sua profundidade, em sua dialogação consigo e com seu universo interior e exterior. Ou se participa efetivamente desse tipo de sociedade-espetáculo, sendo um ator real, ou se participa pelo imaginário e pela imagem. Comenta José Comblin que as massas não praticam esporte, mas o vêem pela TV; não produzem música, mas escutam-na; não fazem história, mas comentam-na. Pela imagem se sentem também participantes e não excluídos da história. Mas são participantes passivos, meros consumidores e não cidadãos que opinam, criticam, negam certo tipo de adesão e reforçam conscientemente certas causas.

Tais mudanças transformaram as velhas tradições de luta dos trabalhadores. O trabalhador perdeu status. De mais a mais, há trabalhadores que sabem muito mais do que os patrões, manejam informações e conhecimentos que lhes dão poder real maior do que o do dono da empresa. O empresário é apenas um especialista em *management*, um dos trabalhadores, portanto, sem contudo renunciar ao seu poder de dono e da acumulação que lhe advém. Para garantir seu emprego, os operários se solidarizam com as empresas em competição com outras. Em vez de lutas de classe vigora a luta entre empresas. Quem não se firma na concorrência sucumbe e desaparece engolido pela outra empresa mais forte. O operário, temendo o desemprego, prefere aceitar, a contragosto, a luta em favor de sua empresa, embora esta o explore, pois ela lhe garante pelo menos o emprego e a atividade e assim um lugar ao sol na sociedade e uma presença positiva na família.

Está começando a era da pós-televisão, a revolução das imagens numéricas, sintéticas e virtuais. Graças à síntese numérica (não é mais o bit 0, 1, binário, mas múltiplo, 16 até 64, por ora) e a modelos matemáticos operacionados por computadores podem se criar imagens mais reais que aquelas produzidas pela fotografia. Mais ainda, não se precisa, como a foto e o vídeo, da realidade visível como base. Criam-se simulações que dão forma visível e realista às idéias mais abstratas e aos sonhos mais arrojados. A técnica da síntese realista autoriza uma clonagem (a criação de um duplo perfeito) de pessoas e objetos. Mediante a clonagem da representação humana, podem-se criar cenários que projetam uma nova realidade. Assim, a imagem de um monge beneditino de Monte Carlo é clonado com uma guia do museu de Cluny (a grande reforma beneditina dos séculos XI-XII) que está em Paris e ambos mostram e comentam o referido museu em Cluny que está no sudeste da França. Mas tudo não passa de sintetização de imagens.

Existem também as imagens virtuais. Graças às técnicas de visualização estereoscópica, o espectador se sente imerso na imagem, participando do mundo de imagens que se cria ao seu redor, por todos os lados e ângulos. A tecnologia está se desenvolvendo a ponto de produzir televisões (chamadas TV 3D) de efeitos estereográficos que permitem ao espectador "entrar" na imagem. Chegou-se a produzir, através de um laser de baixa intensidade, imagens no fundo do olho; trata-se da excitação do nervo óptico mediante o raio laser, dispensando as imagens e as próprias telas de televisão. Inicia-se o que se está chamando de "era cyberespacial". Através das imagens virtuais tornam-se possíveis novas formas de telepresença e teletrabalho (teleconferências e videoconferências). Evidentemente tais tecnologias se prestam a uma utilização militar, simulando combates realizados nas paisagens sintetizadas, com detalhes superiores aos que são possíveis na realidade factual (foram utilizadas na Guerra do Golfo em 1991 num programa chamado pelo Pentágono de SAKI e reproduzidas na nova guerra de 2003 quando, praticamente, se destruiu a infra-estrutura do Iraque).

Com as assim chamadas "auto-estradas eletrônicas" surgem um novo sistema de escritura e uma nova alfabetização (revolução escritural). É o alfabeto dessa neo-realidade ao lado da realidade fáctica. Essa neo-realidade permite dominar mais eficazmente a realidade fáctica, com a possibilidade também de reforçar as exclusões daqueles que não dominam este sistema simbólico. Importam gestar novas formas de navegação mental para se orientar neste inferno de imagens e no labirinto de informações (cf. Quéau, Ph., *Le virtuel. Vertus et vertiges*, Camp Vallon, INA, Paris, 1993, ou id., *La révolution des images virtuelles, Le Monde Diplomatique*, agosto de 1993, pp. 16-17).

Como adaptar-se à nova mutação cultural

Para fazer face aos transtornos provocados por essa nova situação civilizacional estão sendo elaborados pistas e encaminhamentos diversos. Inicialmente soluções de transição como, por exemplo, o favorecimento de empregos de proximidade, o estabelecimento de contratos de emprego-solidariedade e a introdução do trabalho em tempo parcial.

Mas buscam-se mudanças essenciais que vão na linha da condivisão do trabalho, da concessão de um salário mínimo garantido para todos e de uma redefinição do papel da economia e da função da democracia.

Importa passar de uma *sociedade de pleno emprego* para uma *sociedade de plena atividade*. Consegue-se isso mediante o trabalho de meio expediente para os desempregados, com manutenção de 75% do antigo salário. Bastaria transformar 10% dos trabalhadores de expediente integral para meio expediente para criar 1,5 milhão de oportunidades de trabalho (caso da França).

Para não afetar a produtividade, sugerem outros que as máquinas, em vez de funcionar quarenta horas semanais, poderiam trabalhar sessenta horas com dois turnos de trabalhadores em meio expediente. Outros propõem que, além do salário de meio expediente, se dê também um salário tecnológico, quer dizer, que este viesse como participação nos lucros da tecnologia altamente produtiva. Esses lucros seriam repassados a um organismo público. Este pagaria o salário tecnológico e as pessoas se habituariam a receber um salário desvinculado de um emprego fixo, salário derivado do avanço tecnológico que dispensou o trabalho humano e que desta forma seria relativamente compensado.

Numa economia globalizada, tal encaminhamento só seria praticável à medida que um conjunto geopolítico forte o assumisse e pudesse mantê-lo a despeito da lógica da concorrência e do mercado, como, por exemplo, a Comunidade Européia ou o NAFTA (EUA, México e Canadá).

Ligado ao trabalho condividido haveria o salário mínimo garantido a todos, denominado também salário de existência ou salário de cidadania, de quem no Brasil o senador Eduardo Suplicy se fez paladino. Não obstante as dificuldades de sua implantação, também no aspecto psicossocial, importa considerá-lo como um benefício em razão da dignidade da vida, benefício que se somaria aos já existentes, como o atendimento médico, a seguridade social, a aposentadoria, o acesso ao ensino gratuito em todos os níveis, etc.

Junto a esse salário de existência dever-se-ia conceder, segundo alguns, um salário de sobrevivência para todos os bilhões de desamparados da Terra. Mais ainda: tal iniciativa impõe-se como um dever ético exigido aos países ricos que um dia foram colonizadores; estes, à base da exploração das colônias, constituíram a acumulação primitiva para o salto para a modernidade e a industrialização. Por imperativo de justiça, e não de caridade social, deveriam conceder um salário de sobrevivência e de existência aos hoje pobres e colonizados de outrora. Isso exigiria, evidentemente, uma reorientação global da economia mundial. Mas ela seria possível tecnicamente, desde que uma visão da dignidade humana universal fosse se impondo como imperativo para todos os povos e houvesse a vontade política de encontrar os meios de sua implementação.

A plena atividade implicaria também inserir os desempregados em trabalhos que dizem respeito a toda a sociedade. Por exemplo, ficariam em casa e fariam trabalhos de manutenção da cidade, de suas ruas, dos edifícios públicos; incentivar-se-iam animadores culturais, valorizar-se-ia a importância de atividades artísticas e espirituais para a boa convivialidade da cidade, etc.

Para conciliar as necessidades de produtividade da sociedade com as necessidades de atividade e de solidariedade para com as pessoas faz-se mister redefinir a economia. Até hoje ela era e ainda continua sendo a realidade axial da sociedade moderna. O desenvolvimento era medido pela performance econômica de cada sociedade, com sacrifício permanente das relações sociais e ecológicas. O desenvolvimento econômico, melhor dito, o crescimento material, se apresentava como um fim em si mesmo.

Agora importa colocar a economia a serviço do desenvolvimento social, a economia política a serviço do bem-estar da sociedade e da natureza. Uma economia da produção do suficiente e decente para todos, incluindo os demais seres vivos da natureza, e não uma economia da produção material ilimitada centrada apenas nos seres humanos. A função da economia, em seu sentido originário, consiste em gerenciar a carência, em assegurar a satisfação de necessidades quantitativas vitais, em propiciar o acesso aos bens qualitativos e em realizar os desejos de cada um em solidariedade com os desejos dos outros.

Para realizar tais tarefas, mais e mais se fala de um novo paradigma econômico, *a economia multidimensional* (H. Bartoli, *L'économie multidimensionelle,* Econômica, 1992; R. Passet, *L'économie et le vivant,* Payot, 1979). Essa economia multidimensional se orienta pela justiça distributiva, que consiste em dar a cada um segundo as suas necessidades, seus talentos e seu trabalho. Há que se relativizar a economia de mercado. A predominância deste tipo de economia gera a monopolização e cartelização, vale dizer, a dominação do mais forte. Nos países pobres dá origem à economia do mercado negro. Ademais, a insistência só nesta vertente desconhece e deixa de valorizar outras dimensões importantes para uma sociedade, como o desenvolvimento humano, a economia do dom e da distribuição, as atividades sem fim lucrativo, mas de utilidade social. O mercado, deixado sozinho, possui uma lógica perversa: maximização dos benefícios auferidos a partir da minimalização dos capitais investidos. Ora, essa lógica deve valer apenas em alguns domínios e não ser a determinante de todo o processo econômico-social. O mercado é uma entidade social e democrática indispensável, como o lugar onde se encontra a oferta com a procura e onde se atende às necessidades de consumo dos atores sociais. Portanto, precisamos de uma economia *com* o mercado e não de uma economia só *de* mercado.

O objetivo das políticas econômicas governamentais e das empresas que captaram a pluridimensionalidade da economia não se orienta na produção ilimitada de riqueza e de pleno emprego, mas na produção de uma sociedade sustentável, de plena atividade e de grande sentido de convivialidade, onde cada um possa tendencialmente encontrar o seu lugar.

O fenômeno econômico representa um aspecto da atividade humana, pertencente, portanto, à biosfera. O fator ecológico faz-se presente hoje em dia de forma irrecusável. Ele deve ser tomado em alta conta com – e ainda mais que – os outros critérios de uma política econômica de desenvolvimento sustentado:

1. garantir a reprodução das forças produtivas e dos fatores de produção, sem a qual reentram a carência, a fome e a miséria;
2. produzir valores socioculturais que acompanhem as mudanças das condições de vida das sociedades, por isso sempre abertos, impedindo o desenraizamento cultural e o vazio de sentido de vida; e
3. cuidar do meio ambiente com a aplicação de uma tecnologia que trabalha com a natureza e não à custa dela ou contra ela, visando extrair sem destruir e transformar sem desequilibrar o ecossistema.

Para fazer funcionar uma economia multidimensional é importante o papel dos poderes públicos (Estado). Eles historicamente não se mostraram bons como prestadores de serviços sociais, pois em quase todos os países são minados pela corrupção e pelo desperdício. Mas são indispensáveis como lugar onde se definem as regras do jogo e do controle jurídico e ético dos processos e como instância de integração da dimensão de futuro nas estratégias do presente para que se garanta o desenvolvimento sustentado, que atenda o presente sem prejudicar as gerações que hão de vir.

Com o Estado, deve ser fortalecida a sociedade civil. Por ela se discutem as questões do bem comum e se constroem as escolhas e se definem as orientações. Por isso não basta apenas contentarmo-nos com uma democracia delegatícia, mas, sem prescindir dela, praticarmos mais e mais uma democracia participativa e ecológico-social. Ela vem reforçada enormemente pelas milhares e milhares de ONGs que ativam a sociedade civil (terceiro setor) e que vivem internamente relações de democracia direta e participativa.

O grande temor é de que os responsáveis políticos não estejam equipados cultural e espiritualmente para compreender o talante dessas questões. Utilizam categorias e modelos das crises conjunturais do passado e assim não captam a novidade da verdadeira revolução civilizacional que está ocorrendo. Às vezes se apresentam com máscaras novas, mas, no fundo, estão a serviço de uma peça de teatro ultrapassada.

Repercussões dessa nova sociedade sobre os pobres do mundo

Dois terços da humanidade estão fora dessa nova sociedade. Suas necessidades fundamentais estão ligadas à sobrevivência e ao trabalho do dia-a-dia. Precisam de ciência clássica e de técnica tradicional para garantir uma infra-estrutura higiênica mínima no bairro, com esgoto, serviço de água e gás, com transporte, escola, moradia, posto de saúde, segurança e espaços de lazer. A modernidade significa introdução do progresso necessário para a dignidade mínima da vida. Mas são maiorias subalternizadas pelas elites nacionais mundializadas que se articulam já com o novo paradigma civilizacional.

Essas elites introduzem a sociedade de informação e comunicação criando para si ilhas onde participam seletivamente da nova fase cultural. Nas sociedades dos dois terços pobres e marginalizados se reproduz a sociedade-espetáculo, da TV, do shopping center, do rock, do jazz, dos esportes. Uns participam, realmente, desta realidade nova através dos enclaves modernos, do consumo da nova tecnologia; outros, pelo imaginário e pela imagem. A sociedade-espetáculo acelera o desenraizamento dos camponeses e das populações rururbanas. Aqueles abandonam o interior e emigram para a cidade, pois nela se encontra o centro do espetáculo, do sonho e do imaginário. A favelização da maioria dos países do hemisfério sul é fruto desse fascínio que a cidade exerce sobre o campo. Os favelados podem não ter pão sobre a mesa, mas têm um aparelho de som e de TV que lhes dão acesso ao mundo da imagem e assim ao do desejo e ao do sonho. Cresce a economia informal, como forma de sobrevivência.

Entre os participantes dessa economia informal estão nascendo um novo tipo de solidariedade e outras formas de resistência e de luta. Mas com grande dificuldade, porque a consciência é toda fragmentada e formada de restos de várias culturas, da rústica, da urbana, da moderna, da informatizada. Não é possível prever qual será o destino das massas mundiais, totalmente à margem ou excluídas dessa nova cultura da informação.

Por fim, cabe assinalar que as novas tecnologias de informação/comunicação vão gerar um novo tipo de sociedade. Vejamos comparativamente algumas características dessa sociedade emergente em relação à sociedade industrial ainda vigente, como Marjorie Jouen e Marc Luyckx esquematizaram:

Características da sociedade emergente planetária

	Sociedade passada	Sociedade emergente
Organização social	consumidores passivos	atores dotados de capacidade de expressão cultural / espectadores
	Estado-providência	sociedade civil
	democracia delegatícia	democracia participativa
	modelo de sociedade mercantil; nações	modelo de sociedade articulada mundialmente; planeta Terra
Relações entre governantes e governados	poder hierárquico	relações igualitárias
	distância	transparência
	comunicação descendente;	escuta e circulação da informação;
	usa o discurso	usa imagens
	informação monopolizada pelos dirigentes	reapropriação da informação pelos indivíduos / manipulação
Valores	“sentido” de tipo transcendental	“sentido” de tipo imanente
	predominância do econômico	predominância do cultural
	abundância	frugalidade
	ajustamento	co-responsabilidade
	liberdade	qualidade de vida, integração

Questões metodológicas

Que fazer para que ganhe consistência o perfil da nova sociedade emergente? Eis algumas pistas aduzidas pela reflexão recente.

Repensar a relação do ser humano para com a verdade e a veracidade

Essa diligência é indispensável se quisermos, de forma desimpedida, com menos carga preconceituosa, afrontar a mudança cultural em curso. Por exemplo, as novas tecnologias da informação deslocaram a concepção da verdade e o acesso a ela.

Nossa tradição cultural desenvolveu duas aproximações à verdade: uma de corte epistemológico, segundo a qual a verdade é a conformação de nossa representação com a realidade. A segunda é de corte ontológico, segundo a qual a verdade é aquilo que se revela da realidade mesma em nossa existência. A verdade vivida se chama veracidade, vale dizer, a capacidade de sermos ouvintes atentos e espectadores diligentes do que se nos revela. A forma comum de comunicação da verdade era a palavra que passa e o texto que fica.

A sociedade informacional trabalha com imagens e com cenários, tentando, cada vez, captar o movimento da realidade e suas configurações a partir do conjunto das relações e dos contextos dela. O ser humano participa desses cenários. Ele capta a verdade à medida que se adapta aos cenários cambiantes. A verdade significa captar o sentido do cenário, aberto sobre a totalidade da realidade que se caracteriza pela complexidade, pela contradição, pela complementaridade e pela evolução. Ordem-desordem-organização, como mostrou Ilya Prigogine, constituem a dinâmica subjacente da realidade. Ficar preso ao texto e à verdade dita e revelada no texto é fixar-se a um momento do cenário da história, é perder seu sentido evolutivo e aberto.

Na sociedade informacional existe uma grande dificuldade em aceitar a maneira autoritária (vertical), integrista e fundamentalista (que levanta essa pretensão: "fora de nossa visão, nenhuma verdade") da transmissão da verdade. Por outro lado, as novas tecnologias de informação permitem a reapropriação do poder e da imagem/palavra por parte dos indivíduos. Estes não são executores ou veículos de comunicação de uma mensagem descendente, mas co-produtores e co-autores. A informação é por sua natureza comunicável e, por isso, democratizável.

A complexidade atual exige a razão dialógica e a lógica inclusiva da vida

Predominaram em nossa cultura a lógica linear e a causalidade unidirecionada. Por isso vigorou a lógica da identidade e do terceiro excluído. A centralidade da nova percepção reside em dar-se conta da complexidade da realidade. Junto ao sabido está sempre o não-sabido; o contrário e antagônico não são negadores do real, mas manifestações de sua pluridimensionalidade; caos e ordem se pertencem mutuamente. O próprio ser humano é simultaneamente *sapiens* e *demens*, quer dizer, um ser de razoabilidade mas também um ser de intemperança e de demência. Por isso, importa superar os discursos excludentes dos que imaginam, romanticamente, que o povo tudo sabe e que as bases sempre vêem melhor, bem como a arrogância dos acadêmicos, dos tecnocratas e dos políticos que não têm consciência de seus limites e de sua própria ignorância. Ignorante é aquele que imagina o povo ignorante.

Esta postura evita as soluções sim/não. Especialmente importante é esta lógica do complexo na resolução de conflitos. Nas negociações internacionais ocorre, com freqüência, o confronto entre os que temem o protecionismo e dizem sim à abertura de novos métodos de negociação. Outros dizem não e se fecham nos privilégios historicamente acumulados pelos países ricos, prejudicando os demais. A solução reside em tomar a sério a lei de John Nash do ganha-ganha, introduzindo outros agentes na discussão: representantes da sociedade civil mundial, sindicatos, igrejas, ecologistas, indígenas, etc. Tal presença torna consciente a existência de uma guerra econômica entre os países ricos e, simultaneamente, de uma união deles contra os pobres. Mostra a urgência de um armistício, melhor, de um desarmamento econômico, como o chamou Ricardo Petrella (ex-coordenador do projeto de ciência e tecnologia da Comunidade Européia). Ao mesmo tempo se vê a razoabilidade de se sobretaxar aqueles produtos para cuja produção se agride o ecossistema, de se elaborar tecnologias adequadas às várias ecorregiões do mundo, de se enfrentar com sensibilidade os problemas coletivos das maiorias da humanidade que são a fome crônica, as doenças, a falta de moradia e de ocupação, etc. Somente uma lógica dialógica e inclusiva, própria dos organismos vivos, faz justiça à complexidade da realidade atual.

Recuperar a memória cultural de iniciativas vencidas

Cada cultura possui em sua memória uma bagagem enorme de iniciativas que não tiveram chance de implementação ou que, por conjunturas diversas, fracassaram. Assim, por exemplo, a existência do salário é um fato relativamente recente. Antes predominava a noção de atividade, de "obra", em razão das quais havia a remuneração, socialmente elaborada, em que entravam os mais diversos critérios (necessidade, status social, tempo de trabalho, criatividade e engenhosidade, etc.). Hoje, com a introdução da sociedade de atividade ao lado da sociedade do emprego assalariado, faz-se necessário ressuscitar outra modalidade de remuneração que não seja somente pelo salário. As culturas ameríndias e africanas são comunitárias; sempre produziram coletivamente num sentido profundamente ecológico, entendendo o trabalho não como exploração desenfreada das potencialidades da natureza, mas como ajuda à Mãe Terra na geração de bens necessários à vida e ao bem-estar comum. A colonização e o rolo compressor da lógica produtivista moderna destruíram aquelas formas culturais de produção. Hoje elas podem servir de inspiração a processos produtivos não-espoliadores da natureza, além de deverem ser reanimadas para aquelas populações originárias.

Necessidade de ordem e hierarquia nas imagens

A produção de imagens é anárquica e a pletora de mensagens é ilimitada. Tal fato pode maximizar a capacidade de manipulação, de invenção de truques e falsificações utilizáveis na política e na comunicação de massas. Os limites do verdadeiro e do falso se tornam extremamente tênues e os níveis de verdade das representações e a avaliação da credibilidade se fazem mais e mais difíceis de ser verificados.

A imagem criou uma nova escritura e inventou um novo alfabeto. Tudo isso não se cria por si mesmo, é projetado e possui intencionalidades subjacentes; por isso as informações produzidas devem ser lidas e interpretadas cuidadosamente, confrontadas com o contexto, como aprendemos a fazer com a escrita.

As imagens virtuais podem nos imergir e fazer navegar em qualquer tipo de realidade projetada. Tudo é nivelado no mesmo registro simbólico e imaginário. Podem, entretanto, mudar as reações do sujeito humano participante. Podem se criar imagens virtuais orgiásticas, de sadismo e masoquismo, de brutalidade contra inocentes. Especialmente os programas de bate-papo *(chat)* da Internet tem mudado as relações humanas, inclusive afetivas. Por um lado, representam uma nova forma de comunhão virtual entre os seres humanos, em tempo real, para além do espaço e do tempo (tudo é *on line),* por outro abrem a possibilidade de simulacros, enganações, mentiras e falsificações que podem levar até a crimes.

Cabe ao ser humano assumir uma atitude ética, discernir os pontos de vista, detectar o tipo de mensagem em seu grau de verdade humanística ou falsidade ideológica, denunciar as pseudo-evidências de sentido. Tais questões remetem a outras mais básicas, como: que é o ser humano, a que é chamado, qual é a medida exata para poder continuar ser humano, co-desenvolver-se, com-viver, integrar-se na totalidade da natureza como parte dela e não como quem passa por ela, sentindo-se exterior e acima dela?

Tal universo da "imaginária virtual" não deixa de confundir profundamente a psique humana e a capacidade de orientação em face da profusão das informações e dos produtos oferecidos. Como enfatizava José Comblin, tão importante quanto o ver é o não ver, o não saber e o não se informar. Não aprender pode ser tão importante quanto o aprender. A inflação das imagens virtuais pode fazer perder o chão da realidade dura. O ser humano não pode viver apenas de representação e habitar tão-somente nas imagens, por mais que estas se apresentem mais reais do que o real. Talvez exatamente o excesso de "realidade" traia a sua artificialidade e "falsidade", pois o real é sempre opaco, contraditório e complementar, *sapiens* e *demens*, concreto e potencial. O ser humano precisa do contato direto e imediato com o real complexo, contraditório, obscuro, luminoso e desafiador. Ele precisa ser o que a seta da evolução o destinou a ser: um ser co-criador, co-piloto da natureza, jamais acima dela, mas sempre com ela, pois ele é parte e parcela da Terra, um ser ético que se co-responsabiliza pelo seu mundo.

2
Processo de Globalização

Um segundo dado revelador da emergência de uma nova civilização planetária é o acelerado processo de globalização. Ele não é de hoje. Suas raízes históricas remontam ao século XVI, precisamente a 1521, quando Magalhães fez, pela primeira vez, o périplo do globo, comprovando empiricamente que a Terra é de fato redonda. A partir daí se abriu o caminho para a ocidentalização do planeta. Da Europa começou a aventura colonialista e imperialista de conquista e dominação de todas as terras, postas a serviço dos interesses europeus, corporificados na vontade de poder, de enriquecimento, de imposição da cultura branca ocidental, de implantação forçada do cristianismo e da afirmação desenfreada do indivíduo. Importa enfatizar que, a partir da perspectiva das vítimas que se situam no hemisfério sul, essa aventura se fez sob todas as formas de violência, de genocídio, de etnocídio e de ecocídio. É a idade de ferro da era planetária, na feliz expressão de Edgar Morin (*Terre-patrie,* Seuil, Paris, 1993, p. 18). Mas apesar dessas contradições, e com elas, foram lançadas as bases para a globalização que hoje se realiza de forma acelerada.

Esse processo se dá em diferentes frentes. Vejamos algumas.

Globalização pela economia e pelo mercado total

O processo mais visível de globalização reside na crescente interdependência de todas as economias e na integração de todos os mercados, formando o mercado total. Cabe, de saída, sublinhar que esta interdependência oculta verdadeira dependência dos países periféricos em face dos países centrais, pois as relações não são simétricas e eqüitativas; sem estas não existe verdadeira interdependência. Ao contrário, há profunda dependência tecnológica, financeira, política e ideológica por parte dos países que não garantiram um desenvolvimento auto-sustentado. Não obstante, constata-se que nenhum país hoje se basta a si mesmo e tem nos seus limites internos a chave da solução de seus problemas. A solução da Alemanha ou do Brasil não está mais apenas no Brasil ou na Alemanha, mas no tipo de inserção que eles entretêm com o todo da política mundial. O que ocorre num país afeta imediatamente o todo.

Assim, por exemplo, por que surgiu, em grande escala, a produção de coca (donde vem a cocaína) na Colômbia? Devido à crise no mercado mundial de café. Em vez de café, os camponeses começaram a produzir coca. A coca cria um mercado consumidor. O mercado faz surgir o narcotráfico. O narcotráfico gera muito dinheiro. Esse dinheiro precisa ser lavado antes de entrar nos circuitos financeiros legais. É lavado nos paraísos fiscais das Bahamas ou nos bancos suíços, que, como os demais bancos mundiais, não distinguem mais o capital que vem da produção do capital que vem da droga, do comércio internacional de armas ou da corrupção. Tudo é capital, e *"pecunia non olet"*, já diziam os romanos ("o dinheiro não tem cheiro"). Depois desse percurso ele volta ao mercado ou constitui fonte para outras atividades ilícitas como o jogo, a prostituição organizada internacionalmente ou a compra e a venda de armas enviadas às frentes de guerra, onde quer que se realizem no mundo.

Outro exemplo de interdependência está na própria Alemanha. Para financiar o processo de efetiva reunificação com a ex-DDR, o governo decide aumentar suas taxas de juros. Com isso atrai capital de todo o mundo, particularmente dos países vizinhos, como a França e a Inglaterra. Estes, para evitar a fuga de seu capital, aumentam, por sua vez, as taxas de juros e atraem também mais capital estrangeiro. Os países pobres que precisam de empréstimos para financiar seu desenvolvimento se vêem obrigados a pagar essas taxas altas, aumentando assim sua dívida externa. Tais taxas fazem também com que importem menos, e assim agravam seu atraso tecnológico e a sua dependência dos países centrais.

Como se depreende, as economias estão entrelaçadas umas às outras. Por um lado, criam maior união entre os mercados e as nações; por outro, geram divisão, por causa da dependência dos fracos em relação aos fortes. Criam mais igualdade como aprofundam as desigualdades, em escala mundial. Assim é que 17% da população mundial consomem 80% dos produtos, ficando apenas 20% deles para satisfazer as necessidades de 73% da humanidade. Há racionalidade e senso de humanidade e de compaixão nestes dados?

Acresce ainda o fato de que o controle da informação, do conhecimento científico-técnico acumulado e a capacidade de invenção constituem as mercadorias mais rentáveis no mercado mundial. Estas constituem a reserva mais bem guardada dos países centrais do sistema mundialmente integrado. A partir destes oligopólios se mantém a dependência dentro do regime geral de interdependência.

Três fatores, segundo M. Arruda e R.A. Dreifuss, dinamizam a globalização pela vertente econômica:

1. O surgimento de megaconglomerados e corporações estratégicas que atuam no nível global e multissetorial. Não são mais simples multinacionais, mas empresas mundiais, pois operam visando ao mundo e ao mercado total e não a várias nações e mercados regionais. Assim, por exemplo, o conglomerado Mitsubishi, de base japonesa, opera em noventa setores diferentes. Semelhantemente, a ASEA-Brown Bovery no setor de máquinas pesadas, ou a Daimler-Benz no setor de automóveis e armamentos, ou a Novartis-Ciba-Geigy no farmacêutico, químico e agroindustrial. Estes conglomerados fazem alianças entre si, independentemente dos países de origem, estabelecendo uma teia realmente global de complexas relações, com parca preocupação de fidelidade à sua nação de origem ou ao povo, assim como escapam do controle sobre sua atividade em nível global. Exemplo disso é a parceria do grupo Ford (EUA) com o grupo Mazda (Japão), que competem com as alianças transculturais da Chrysler-Mitsubishi, Chrysler-Maserati, General Motors-Isuzu e Fiat-Nissan, Globo do Brasil-Time-Life. Todos estes conglomerados agem em nível planetário com grande flexibilidade, consoante os mercados e as oportunidades de vantagens lucrativas.

2. Continentalizações das economias dentro do processo maior

de globalização como o bloco japonês e os Tigres Asiáticos, o bloco do NAFTA (EUA, México e Canadá), o Mercado Comum Europeu e o Mercosul (Brasil, Argentina, Uruguai e Paraguai). Vigoram entre estes três primeiros blocos verdadeiras guerras econômicas na tentativa de cada um hegemonizar sua presença no mercado mundial. Tal fato provoca imensos progressos tecnológicos, mas ao mesmo tempo agrava a crise ecológica e a marginalização e até a exclusão dos países tecnologicamente retardatários.

3. Surgimento de elites transnacionais que intencionam o gerenciamento econômico e político da Terra, relativizando o papel do Estado e das elites nacionais. O Estado precisa de uma redefinição para adaptar-se às transformações mundiais, já que elas se fazem prescindindo dos limites dos estados-nações. Nem as conseqüências perversas da degradação ecológica respeitam os limites políticos dos povos. A responsabilidade é coletiva e transcende os estados nacionais.

Por fim, a questão da globalização pela via econômica suscita a questão dramática que pede uma solução urgente: como criar uma satisfação societária mínima em níveis pessoal, comunitário, nacional, continental e planetário que mantenha a humanidade unida e não dê vazão a guerras de sobrevivência dos dois terços pobres do grande Sul, até o momento marginalizados ou excluídos dos imensos logros tecnológicos e que não aceitam pacificamente o veredicto de morte que pesa sobre eles? Há o risco real de que a humanidade se bifurque: de um lado está aquela pequena porção que tem acesso aos avanços da biotecnologia e da "saúde total" e vive a idade das células, 120 a 130 anos, e do outro, a maioria da humanidade que sobrevive nos moldes conhecidos e chega na média 60-70 anos de expectativa de vida.

Essa exigência de uma satisfação societária mínima reintroduz a questão do socialismo. Ele se apresenta como uma forma política mais adequada que outras atuais para atender às demandas sociais globais que incluam também o bem comum da natureza. Sem a socialização dos meios de vida e dos recursos escassos da Terra, certamente não se garantirá a vida da maioria dos humanos nem da biosfera da qual o ser humano é parte e parcela. Novamente impõe-se uma democracia social, ecológica, planetária e cósmica, como alhures temos postulado.

Globalização por ideais, pela espiritualidade e por guerras

A globalização se faz prioritariamente sob o signo do econômico. Mas a economia vem acolitada por outros fatores de globalização, como ideologias, busca de espiritualidade, valores e até por guerras. Efetivamente, a partir do Ocidente foram prevalecendo idéias e valores que hoje entram na consciência mundial e fazem parte do currículo de qualquer escola. O cristianismo, em suas várias versões, desempenhou relevante função civilizatória. Propalou lá aonde chegou, geralmente a cavalo de projetos imperialistas, o sentido da dignidade humana, de sua destinação eterna e, por isso, de sua transcendência aos poderes deste mundo; sempre anunciou a centralidade do amor, da solidariedade e da compaixão para a constituição de relações sociais justas aqui e para assegurar uma vida bem-aventurada no além.

O Iluminismo incendiou o mundo com sua visão idealista do ser humano portador de razão e por isso com capacidade de ser adulto e autônomo, de decidir o seu caminho e com isso de submeter ao crivo crítico todas as instituições de controle das tradições, dos costumes e das idéias. Graças a ele se implantaram escolas em todo o mundo.

A Revolução Francesa despertou em todo o mundo a consciência dos direitos dos cidadãos e fez da igualdade, da liberdade e da fraternidade as bandeiras revolucionárias mais mobilizadoras da história desde então.

O evolucionismo evidenciou a ancestralidade de todos os seres. Tudo possui a sua gênese. Com isso entraram a categoria tempo e a irreversibilidade nas ciências. Foi mérito de Darwin mostrar a unidade da espécie humana provinda de um primata comum. Coube a Teilhard de Chardin elaborar uma visão de globalidade que inserisse no processo de evolução o fenômeno cristão. A cosmogênese sustenta a biogênese que sustenta a antropogênese que sustenta a cristogênese que desemboca na teogênese. Destarte, o ser humano e o próprio Deus são integrados no universo aberto. Supera-se também a oposição vivente e não-vivente, pois sabemos que, para a ciência clássica e mesmo a moderna como em Einstein, a vida – o fenômeno mais extraordinário da realidade – havia sido colocada à margem das investigações especialmente da física; ela foi relegada ao mundo do milagre, das religiões, no máximo, como em J. Monod, a um acaso que se perpetua. Mas não tinha nada a ver com a matéria. Entretanto, nessa visão evolutiva e num universo estruturado, a vida tem uma origem menos miraculosa. Como o mostrou bem Prigogine e antes dele Boltzmann, ela funda suas raízes em propriedades da matéria, quando colocada longe do equilíbrio, portanto, em situação de caos e desordem. Ocorre que nesta situação o caos se mostra generativo e a desordem, fator de uma nova ordem. O segundo princípio da termodinâmica, segundo o qual tudo lentamente evolui para a morte térmica (entropia), ganha um novo sentido. Termodinamicamente evoluímos para baixo, rumo à morte, e simultaneamente evoluímos para cima, rumo a formas cada vez mais complexas de vida graças às estruturas dissipativas da entropia. A vida está dentro das potencialidades da matéria do universo que se revela, então, verdadeiramente o que sua etimologia sugere: a mãe (*mater* = mãe = matéria) de todas as coisas, da massa, da energia, da informação-comunicação, da vida. A matéria é algo também espiritual, sutil, misterioso, merecedor do fascínio e da contemplação dos místicos, como os salmistas, São Francisco ou Teilhard de Chardin dentro de nossa tradição cultural.

A moderna cosmologia nos fez, pois, compreender que o universo é um imenso processo único, complexo, contraditório e complementar que une todos os seres, vivos e "inertes", por uma teia de relações, de tal maneira que nada existe fora da relação. Ela nos fornece a base científica indispensável para pensarmos uma globalização como momento de um processo infinitamente maior de convergência de energias, seres, mentes e corações, que desde sempre está agindo na história do universo e cujo sentido último permanece misterioso e talvez somente decifrável a partir de uma instância transcendente e religiosa.

Um outro fator de globalização consiste na fome e sede de espiritualidade, na reflexão sobre o sentido da vida e sobre o significado derradeiro da aventura tecnológica que o ser humano encetou nos últimos quatrocentos anos. Cresce a convicção de que não basta apenas acumular e ter mais, saber mais sobre o universo e alargar nossa visão cósmica, mas importa ser mais e desenvolver nossa capacidade de experienciar, dialogar e aprender em contato com o diferente e com a Alteridade absoluta, convencionalmente chamada Deus.

Quando nos referimos aqui à espiritualidade entendemos o termo num sentido antropológico e menos num significado especificamente religioso. Significa a capacidade que o ser humano, homem e mulher, tem de dialogar com o seu profundo e entrar em harmonia com os apelos que vêm de sua interioridade. Essa compreensão pode ser realizada por professantes de algum credo religioso como por agnósticos e descrentes. Cada um se encontra com sua estrutura de desejo, com um horizonte utópico, com o masculino e feminino dentro de si, com o universo de sua interioridade. O processo de personalização supõe uma integração dessa dimensão que confere gravidade, serenidade e paz à vida humana. Evidentemente para a pessoa religiosa esse profundo é habitado por Deus e dialogar e acolher essa dimensão implicam acolher o amor incondicional de Deus e pôr-se na escuta de sua Palavra. Nota-se hoje, por todas as partes, do Ocidente ao Oriente, uma busca de caminhos espirituais, de meditação sobre o Divino que nos habita e de interiorização.

Essa espiritualidade se articula com a moderna cosmologia, quer dizer, com a nova imagem do mundo que emerge das ciências da Terra, da assim chamada psicologia do profundo de C. G. Jung e sua escola, da psicologia transpessoal, das mutações da física teórica, dos trabalhos de Einstein, de Heisenberg, Bohr, Hawking e especialmente de Prigogine & Stengers, com suas estruturas dissipativas (a vida que consome energia do meio, mas que vai escapando da morte térmica), e o muito discutido e criticado F. Capra, com o seu novo paradigma.

Se a cosmologia pré-moderna era estática, unitária, hierarquizada, autoritária e sacral, simbolizada pela escada que une céu e Terra, se a visão de mundo moderna (a partir de Galileu Galilei e de Newton) é dualista (matéria e espírito), racional, instrumental, científica e secular, representada pela imagem da máquina, a cosmologia contemporânea, na fase da mutação cultural vigente (preferimos esta expressão àquela "pós-moderna") é fundamentalmente holística, não-hierarquizada, participativa e espiritual, figurada na metáfora do jogo ou da dança. Ao lado do espírito e da matéria entra em consideração especialmente a vida com sua lógica não-linear, com sua complexidade, organicidade e auto-regulação. Conta mais a perspectiva sintética (holística) que analítica, o ser humano não é apenas espectador passivo do espetáculo do mundo, mas ator ativo, sendo sempre incluído na ciência e na pesquisa, por mais objetivas que pretendam ser. A própria metáfora do jogo bem o sugere: a lógica não é linear, entra a idéia da complexidade e a participação essencial dos jogadores e de sua criatividade. O próprio ser humano procura se entender como uma unidade dialética fundamental, como integração de inteligência, sentimentos, consciência profunda e sua imbricação com a totalidade ecológica.

Deus emerge não de fora da totalidade, mas de dentro como o Vínculo Substancial que tudo une ou como o Denominador Comum que tudo sustenta. Faltam-nos nomes para decifrar esta Presença emergente. Na verdade, trata-se de uma co-presença, vale dizer, tudo está presente em Deus e Deus, presente em tudo. É o que se chama de panenteísmo (Deus em tudo e tudo em Deus), diferente do panteísmo (onde tudo, indiferentemente, seria Deus). Mas essa co-presença é testemunhada por mil experiências provindas das mais diferentes matrizes culturais.

O processo de globalização se mostra também pelo reverso da história, nos momentos de dissolução e de guerra. Em três grandes conflitos, praticamente, toda a Terra foi envolvida. Na Primeira Guerra Mundial (1914-1918), na Segunda (1939-1945) e na Guerra do Golfo (1991). Nos ares, nos mares, nas terras, em todas as frentes se confrontaram nações e exércitos. Cem milhões de pessoas se viram envolvidas na Segunda Guerra Mundial. Houve 15 milhões de soldados mortos e outros 35 milhões de civis vitimados. A Guerra do Golfo contra o Iraque praticamente obrigou todos os países do planeta a se posicionarem. Mostrou-se ali uma solidariedade sinistra na vontade de destruir e de matar; as imagens transmitidas diretamente do campo de batalha davam conta da unificação da Terra em tempo real e sob o signo da vergonha, pois se tratava da luta entre um imenso Golias e um pequeno Davi. A mesma lógica covarde ocorreu na guerra que o Presidente Bush dos EUA, contra a vontade da ONU e das grandes maiorias da humanidade, levou contra o Iraque de Sadam Hussein em 2003.

Após a Primeira Guerra Mundial criou-se um primeiro organismo que já expressava a emergência da nova realidade globalizada, a Liga das Nações. No final da Segunda Guerra Mundial projetou-se outro organismo que acolhia representantes de todos os governos da Terra, a ONU, dando assim corpo a uma globalização já transformada em acontecimento político.

Os últimos anos viram surgir dois dados que revelam o patamar avançado da globalização, o perigo das armas de destruição em massa, químicas, biológicas e nucleares e o alerta ecológico. Pela primeira vez na história da hominização, o ser humano inventou uma máquina de destruição e de morte que pode destruir várias vezes a humanidade e ameaçar toda a biosfera; são as armas nucleares e químicas projetadas pelas potências militaristas como os EUA e a Rússia. O alerta ecológico foi lançado em 1972 pelo Clube de Roma, no qual, na essência, se confessava: o tipo de desenvolvimento técnico-industrial tanto nos países da área capitalista quanto do campo socialista implica uma sistemática agressão à natureza, um paulatino esgotamento dos recursos não-renováveis e uma degradação crescente da qualidade de vida para os seres humanos e para os demais seres vivos. A escassez dramática de água doce (só 0,7% é acessível ao consumo humano), o efeito estufa e o buraco de ozônio podem produzir malefícios irreparáveis para a biosfera. A morte mostra agora a máscara do biocídio (morte da vida), do ecocídio (mortes dos ecossistemas) e do geocídio (morte da Terra).

Globalização pela política

Já há pelo menos dois séculos que a política ocidental

procura globalizar-se. Na seqüência da hegemonia do capital e de sua expressão ideológica, o liberalismo, foram se impondo mundialmente, de forma lenta mas progressiva, estilos mais ou menos homogêneos de organização social e política. Praticamente todos os povos se constituíram em estados-nações. A democracia penetrou nos hábitos políticos de todas as tradições, seja como valor universal a ser vivido em todos os âmbitos do relacionamento humano (na família, na escola, nas instituições), seja na forma de organizar a sociedade e o poder de Estado. Assim surgiram e continuam surgindo, sob a pressão mundial, democracias liberais, representativas e, em alguns casos, de cunho popular e social.

Com as formas democráticas de relacionamento e de exercício de poder, cresce também a consciência dos direitos humanos individuais, sociais, ecológicos das minorias e dos povos. A democracia somente funciona quando previamente a ela se instaura a atmosfera de respeito e promoção dos direitos do ser humano e da sociedade. Com ela caminha também a convicção ética de que a pessoa humana é sempre um fim e jamais um meio e de que todo o poder somente se legitima à medida que se faz mediação da justiça e do bem comum dos cidadãos e da natureza e de que todo desenvolvimento técnico deve ser orientado para a promoção integral da pessoa humana e dos povos.

Outro fator de implemento do processo de globalização é representado pelo mesmo tipo de dialogação com a natureza que todos os países da Terra vão assumindo; é feito mediante o projeto científico-técnico. Por ele os seres humanos modificaram profundamente a face da Terra, introduziram uma natureza de segunda mão, criaram hábitos de pensar e de agir que são hoje transculturais e que vão homogeneizando a experiência humana.

Há sinais cada vez mais eloqüentes de que precisamos chegar a uma nova ordem política mundial com centros de poder e organismos que sirvam às questões planetárias, abertos a um governo mundial. A ONU, o Conselho de Segurança, o FMI, o Banco Mundial e outros organismos afins apontam nesta direção, embora ainda dominados por esquemas de controle e de tomada de decisão saídos do fim da Segunda Guerra Mundial, ou pelos G-8, obedecendo a um paradigma político de blocos que hegemonizam a política mundial. A imbricação que todos os problemas maiores das nações guardam com a interdependência global obriga mais e mais a formulação planetária das soluções, especialmente aquelas concernentes ao preço ecológico do desenvolvimento e à criação de alimentos e de infra-estrutura mínima aos dois terços de pobres e marginalizados do mundo.

3
A Emergência de uma Nova Consciência Planetária

Por fim um fator decisivo que revela a irrupção de uma nova civilização é certamente o patamar novo de consciência que se está firmando cada vez mais, uma consciência planetária. Teilhard de Chardin já em 1933 advertia: "A idade das nações já passou. Se não quisermos morrer, é hora de sacudirmos os velhos preconceitos e construir a Terra. A Terra não se tornará consciente de si mesma por nenhum outro meio senão pela crise de conversão e de transformação."

Efetivamente esta crise se instalou de forma profunda nas mentes: somos co-responsáveis pelo nosso destino comum, humano e terrenal, pois constituímos uma unidade coesa e diversa.

No dia 12 de abril de 1961, Yuri Gagarin fez o primeiro vôo ao redor da Terra. A partir de então uma perspectiva nova entrou na consciência humana: começamos a ver a Terra de fora da Terra. Mais profunda ainda foi a imagem quando no dia 21 de julho de 1969 Neil A. Armstrong e Edwin Aldrin desceram na superfície da Lua com a nave espacial Apollo 11.

As palavras patéticas de um dos astronautas americanos, John W. Young, por ocasião da quinta viagem à Lua no dia 16 de abril de 1972, revelam essa consciência nova: "Lá embaixo, está a Terra, este planeta branco-azul, belíssimo, resplandecente, nossa pátria humana. Daqui da Lua eu o seguro na palma de minha mão. E desta perspectiva não há neles brancos ou negros, divisões entre leste e oeste, comunistas e capitalistas, norte e sul. Todos formamos uma única Terra. Temos que aprender a amar este planeta do qual somos parte e parcela." E aí mesmo fez um compromisso consigo mesmo de, na sua volta, dedicar-se à pedagogia do amor ao planeta Terra.

Efetivamente, cresce a consciência de que a Terra, quando vista de fora, é parte de um sistema muito maior que ela, do sistema solar, galáctico, do cosmos em expansão. Somos planeta de um sol que é uma dos cem bilhões de estrelas de nossa Via Láctea, que por sua vez é uma entre outros bilhões de estrelas muito maiores do que ela. Estamos a 27 mil anos-luz do centro de nossa galáxia, que surgiu oito bilhões de anos após o biguebangue, num sistema solar médio, que apareceu 11 bilhões de anos depois do nascimento do mundo, num planeta de quantidade desprezível, a Terra, que já existe há 4,5 bilhões de anos.

E, contudo, a Terra forma, quando vista de fora, uma totalidade orgânica. Nós não vivemos sobre a Terra. Nós somos Terra *(adamah-adam, humus-homo-homem)*, parte da Terra. Entre os seres vivos e inertes, entre a atmosfera, os oceanos, as montanhas, a superfície terrestre, a biosfera e a antroposfera vigoram inter-retrorrelacionamentos. Não há adição de todas estas partes, mas organicidade entre elas. Todos são interdependentes, de sorte que formam um único sistema complexo. Se vida e não-vida se opusessem, teríamos, por um lado, o mundo mecânico, e, por outro, o mundo biológico e em seguida o mundo humano, todos separados por barreiras intransponíveis, precisando-se da interferência de Deus para uni-los. Na verdade, tal interferência é dispensável, pois a matéria não pode ser mais vista como algo estático, mas como algo que se caracteriza pela reatividade, criatividade e pelo diálogo. Há um vínculo, a dinâmica do universo, que perpassa tudo, tudo unifica e diversifica para elevar a patamares mais altos de convergência.

Tal verificação propiciou a formulação da hipótese Gaia, feita pelo cientista inglês James E. Lovelock. Segundo esta hipótese, Gaia (o nome mitológico dos gregos para a Terra) seria um superorganismo vivo cujo equilíbrio dinâmico mantém todos os elementos físicos, químicos e energéticos dosados de tal forma que garantem a vida e sua evolução. Assim como as células são parte dos órgãos e os órgãos parte de um corpo, de forma semelhante os seres vivos são parte de um ecossistema que por sua vez é parte do sistema-Terra, que, por fim, é parte do sistema-cosmos. Todos eles agem e interagem sincronicamente para garantir o equilíbrio dinâmico (que inclui desordem-ordem-organização-interação-organização) e permitir a vida.

O oxigênio da atmosfera é de 21%; a salinização do mar, já há bilhões de anos, é da ordem de 3,4%, equilíbrio mantido graças a bactérias e microorganismos do fundo marítimo e da crosta terrestre; a temperatura da crosta terrestre conserva uma taxa mais ou menos constante que oscila entre 15 e 35 graus. Caso a porcentagem do oxigênio fosse de 25%, ocorreriam, por ocasião de raios, incêndios fantásticos que destruiriam grande parte das florestas. Se a salinização do mar subisse a

6%, seria praticamente impossível a vida dos peixes. E se a temperatura da Terra subisse 5 ou 7 graus, impossibilitaria, em grande parte, a vida terrestre.

A vida é uma emergência da Terra, e a história da vida possibilitou a vida humana. Se o superorganismo-Terra produz seres inteligentes como são os seres humanos, então é um indício irrefutável de que nela mesma funciona um princípio inteligente mais alto com uma memória que foi se acumulando por bilhões de anos. Espantosamente, uma célula da epiderme, por mais exterior que seja, contém em si todas as informações acerca da vida humana; nela, como numa biblioteca, está a memória biológica do universo. Um argumento a mais para dizer que realmente Gaia-Terra é viva e geradora de vida.

O código genético é igual em todos os seres vivos; as diferenças entre uma ameba, um dinossauro, um colibri e um homem (homem e mulher) se devem a diferentes combinações do mesmo alfabeto genético. Por sua vez, o código genético não pode existir sem os elementos químicos e físicos dos quais se nutre; portanto, tudo está envolto pelo sistema-vida. Não é retórica nem romantismo chamar, como fazia São Francisco, todos os seres de irmãos e irmãs. Há uma base física e química para este parentesco real. Somos de fato e em verdade irmãos e irmãs cósmicos.

Mais e mais a espécie *homo* se descobre como humanidade, quer dizer, este complexo diversificado e uno de homens e mulheres, com suas culturas, histórias e instituições, expressão da biosfera que por sua vez é emergência do planeta Terra. Estes seres humanos são simultaneamente *sapiens* e *demens*. Quer dizer, são portadores de sentido, de projetos de razoabilidade e de criação *(sapiens)*. E, ao mesmo tempo, são produtores de absurdos, de violências descabidas e de destruição *(demens)*. Por um lado ocorre a globalização, em que as várias tradições culturais entram em osmose e mútua frutificação, por outro se verifica a balcanização de regiões inteiras como na ex-Iugoslávia ou em vários territórios da ex-União Soviética, opondo-se religiões, hábitos culturais e etnias. Uma coisa e outra são parte do mesmo processo global contraditório e complementar rumo a uma irrefreável globalização.

Até recente data a unidade da espécie humana se fundava no mesmo substrato biossocioantropológico; acentuavam-se mais as diferenças de história, de cultura, de níveis tecnológicos e patamares de consciência. Hoje, dado o processo de globalização, surge um novo perfil de unidade, urdido por elementos coletivos como uma mesma abordagem da natureza, uma semelhante forma de organização social, uma mesma reverência em face do mistério do ser humano, certos tipos de imagens (expressas nos filmes, nos vídeos e nas revistas ilustradas mundiais), certos gêneros de música (o rock e o jazz), certa forma de organizar o trabalho e o lazer, certa estandardização na utilização de alguns objetos acessíveis a grandes porções da humanidade, como eletrodomésticos, aparelhos de TV e de som, carros e bicicletas, certo estilo comum de formar os profissionais e formular as suas linguagens, certa sensibilidade coletiva acerca da comum responsabilidade pelo futuro da Terra.

Verifica-se igualmente hoje aquilo que já há anos H. Gadamer chamava de fusão de horizontes *(Horizontverzchmelzung)*. Tradições espirituais e visões de mundo se encontram;

com marcar a diferença tende-se a sublinhar a complementaridade. O que nos ensinam os sufis, os taoístas, os zen-budistas, os Upanishads e o Bhagavad-Gita não são apenas milenares e sábias lições vindas do Oriente Próximo ou do Extremo Oriente acerca do encontro com o Mistério e o Divino. São lições humanas. Por serem antes de tudo humanas, podem ser entendidas e entrar no diálogo com outras tradições e assim aos poucos constituir um novo horizonte de sentido, um verdadeiro sincretismo criativo e enriquecedor. Ele não será nem ocidental nem oriental. Será simplesmente humano e planetário.

Essa consciência planetária crescente nos faz cidadãos do mundo e não apenas deste ou daquele país. Vivemos uma comunidade de destino; o destino da espécie humana está associado indissoluvelmente ao destino do planeta e do cosmos. Qualquer antropocentrismo está fora do lugar. Na verdade, nós somos cosmos-e-Terra-centrados. Precisamos nos situar no conjunto do sistema da vida e não simplesmente no concerto dos povos, das raças e das nações. Somos criaturas terrenais, expressão da parte consciente do planeta Terra, que devem conviver democraticamente com outros seres e repartir com eqüidade os meios de vida com eles.

Com todos esses elementos conscientizados vai surgindo, aos poucos, uma cultura cosmopolita e planetária, fato absolutamente inédito na história do processo de hominização. Ele não é relevante apenas para a espécie *homo*, mas para a totalidade do processo planetário e cósmico.

A nova consciência suscita, forçosamente, a questão angustiante: qual é o nosso lugar no processo cósmico global? Como seres conscientes que expressamos a consciência do cosmos, qual é a nossa missão? É um desafio novo para qualquer antropologia e teologia contemporâneas.

4
O Sentido da Globalização Atual: A Criação de uma Noosfera?

Ilya Prigogine (prêmio Nobel de química em 1977) e seu grupo têm mostrado que a seta do tempo e a linha da evolução vão no sentido de criar cada vez mais complexidades auto-organizadas, diversidades e inter-retrorrelacionamentos. A evolução não é linear. Ela dá saltos. Exemplo disso é a formação do cérebro de um embrião. Após oito semanas de fecundação, sem sabermos por quê, ocorre uma frenética produção de células nervosas, os neurônios. Milhões deles irrompem a cada dia. Após 35 dias, o ritmo se desacelera. Inicia-se outro processo, o da interconexão entre os neurônios, base para toda a vida da mente. E prossegue pela vida afora. As conexões se dão também além da mente, no campo familiar, comunitário, social e planetário. Surge uma pan-relacionalidade que é a característica do tempo em que vivemos.

Teilhard de Chardin havia percebido a seguinte lógica na evolução: quanto mais ascende, mais ela se complexifica; quanto mais se complexifica, mais se interioriza; quanto mais se interioriza, mais consciente se torna; e quanto mais consciente se torna, mais converge a um ponto onde tudo se concentra, se sintetiza e constitui uma unidade superior.

Não estaríamos hoje, com a complexificação dos meios de comunicação, com o estreitamento das interdependências, com a consciência da unificação da humanidade e a aceleradíssima globalização, criando as condições para um novo patamar da hominização? Para a emergência de um sistema nervoso complexo e planetário e para um cérebro global?

Os saltos podem dar-se, na evolução, a qualquer momento, desde que haja certa acumulação de energia. A acumulação populacional dos cérebros humanos, o crescimento das interconexões dos neurônios com a sofisticação de todos os saberes e experiências, a consciência cada vez mais planetária, a percepção de sermos co-responsáveis pelo que possa acontecer com a natureza e a humanidade permitiriam a colocação da hipótese teilhardiana da noosfera (a esfera da mente humana unificada). Estaríamos na antevéspera da implosão de algo inédito na história do planeta: num de seus membros, na espécie humana, emergiria uma convergência das linhas ascendentes da evolução rumo a uma unidade orgânica. Não apenas no conhecimento, mas principalmente no amor. A amorização significaria a forma mais alta de união de todos com todos e de todos com tudo.

A globalização com suas contradições e com a vitimação de tantas pessoas e tantos seres da natureza provoca fortemente seu oposto dialético. Sabe-se que há comunicações extra-sensoriais das mentes, o fenômeno da sincronicidade, a morfogênese biológica (Rupert Scheldrake) segundo a qual, além do código genético que fornece os materiais químicos de construção da vida, entra o campo formológico invisível e não-detectável pelos sentidos que explica como os elementos do código genético se juntam em formas e estruturas específicas, quer dizer, em sistemas. É semelhante ao campo gravitacional e magnético, que são estruturas espaciais invisíveis e reconhecíveis pelos efeitos. Assim a limalha de ferro espalhada em torno de um ímã revela a estrutura espacial de seu campo. Algo semelhante ocorre com a vida. Não bastam os sensores da televisão estarem bem ligados, nem o aparelho estar conectado a uma fonte de energia. Eles não produzem as imagens. Estas vêm de outra fonte produtora. Consoante a teoria do campo morfológico, quando são bem-sucedidas, as experiências produzem uma ressonância sobre todos os seres do sistema de relação. Tal ressonância faz com que a experiência nova não se perca, mas, depois de certo número de repetição e reprodução, se passe aos membros do mesmo sistema; ela começa a ser reproduzida, garantindo um avanço no processo da vida. Assim, na humanidade estaria havendo um acúmulo significativo de ressonâncias rumo a uma unidade planetária. Atingindo certo ponto crítico, esta unidade emergiria historicamente.

Os processos históricos se aceleram. Entre 15.000 e 8.000 anos a.C. fez-se no neolítico a revolução agrária; todas as culturas praticamente incorporaram esta revolução. Somente trinta séculos depois implodiu outra revolução, a industrial, entre 1750-1850. Em seguida, com muito mais rapidez, um século após, deu-se a revolução nuclear. Dez anos depois ocorreu a revolução da informação com a decodificação do código genético. A espiral da evolução vai se enovelando sobre si mesma.

Há os que esperam a onda zero proximamente (nos inícios do terceiro milênio) quando então eclodiria a noosfera, o novo *katun* (a nova era planetária) na terminologia dos maias, que muito especularam sobre essas realidades globais. E assim se inauguraria uma nova fase para a humanidade como humanidade, unida e diferenciada e convergente.

A humanidade com sua capacidade de sinergia (colaboração de todos) funcionaria como uma espécie de cérebro do planeta Terra. À medida que o ser humano entrasse em sintonia e em sincronia com os movimentos do planeta Terra e com sua lógica, promoveria um tipo de desenvolvimento com a natureza e não contra ela. Poderia mostrar-se criativo à medida que captasse as potencialidades ocultas da Terra e as explicitasse, acelerando ou desacelerando a seta evolutiva. A humanidade seria a própria Terra enquanto pensa, quer, simboliza, projeta, sonha e ama.

Tudo o que cada pessoa humana faz ou deixa de fazer concorre para a criação desta nova fase da humanidade ou a impede. Por isso importa cada um sentir-se em profunda osmose com a Terra e seu destino; é importante fazermos inteiros o que fazemos, com a mente pura e afinada com tudo à nossa volta e com o cosmos. Estamos fornecendo à Gaia o passo necessário para que ela realize o seu desígnio que nos inclui, desígnio de vida, de consciência de si, de plenitude do Espírito na matéria, de sinfonização de tudo com tudo em face do mistério de Deus.

5
A Contribuição do Cristianismo para a Nova Civilização

O fenômeno emergente da nova civilização significa um desafio a todas as religiões, nomeadamente ao cristianismo. Antes de mais nada cabe reconhecer que esta nova realidade carrega em seu bojo uma nova experiência do Mistério do mundo. Esse Mistério emerge como um reencantamento do universo em sua grandeza e complexidade. O reencantamento remete a uma nova experiência do Ser e do Sagrado e a um novo encontro com o Espírito do mundo *(Weltgeist)*.

Não são poucos os que nesta civilização nascente mostram sensibilidade para a dimensão mística (donde vem a palavra mistério), particularmente daqueles que vêm das ciências da Terra como a ecologia, a biologia, a astronáutica, a nova física, etc. Não queremos analisar aqui esta questão abordada por nós alhures (no livro *Ecologia, globalização, espiritualidade*, Ática, São Paulo, 1993, e em *Ecologia: grito da Terra, grito dos pobres,* Ática, São Paulo, 1955).

Queremos suscitar um duplo questionamento ao cristianismo histórico. Em primeiro lugar, em que medida a civilização emergente obriga o cristianismo a fazer uma autocrítica e assim resgatar sua experiência originária. Em segundo lugar, em que medida o cristianismo autocriticado e revitalizado a partir de sua fonte ajuda a civilização planetária a expressar-se religiosamente e a venerar o Sagrado que nela se realiza.

Só um cristianismo de libertação e de diálogo é globalizável

A globalização, embora tivesse partido do Ocidente, não pode significar a dominação da cultura ocidental, branca e cristã. A nova civilização incorpora e transfigura as contribuições de todas as culturas e das grandes tradições espirituais da humanidade no contexto de uma consciência planetária, de um novo tipo de cidadania, a cidadania terrenal, e de uma nova aliança com a natureza.

Este dado inicial e fundamental questiona profundamente o cristianismo histórico como ele se apresentou até os dias de hoje. Com poucas variações, nas várias expressões confessionais, ele foi um cristianismo de conquista e de dominação. Especialmente a versão romano-católica levou esta característica até o seu paroxismo. As raízes da vontade de dominação se encontram já no Novo Testamento com o assim chamado "paulinismo político", desdobrando-se depois com o "augustinismo político", como o tem mostrado convincentemente Roger Garaudy (*Avons-nous besoin de Dieu?*, Desclée de Brower, Paris, 1933). Para Paulo, o poder de Deus, de Cristo, da fé e da ressurreição e a obediência aos poderes políticos deste mundo estruturam algumas de suas intuições principais. Em Agostinho, a cidade de Deus detém soberanamente a hegemonia sobre a cidade do homem, devendo esta sempre submeter-se àquela. Dentro de conjunturas históricas precisas e com o apoio destes dois grandes mestres que ajudaram a criar o perfil do cristianismo – Paulo e Agostinho –, a categoria poder acabou por ser axial na organização oficial do cristianismo. É ao redor do poder sagrado que se estrutura a hierarquia eclesiástica que detém, como é sabido e lamentado, o monopólio do saber, do falar e do decidir na comunidade. Esse poder sempre esteve em articulação com outros poderes dominantes. Por causa desta aliança, não se pode fazer a história da Igreja sem simultaneamente fazer-se a história dos reis e príncipes cristãos e vice-versa.

Da mesma forma as missões cristãs pelo mundo afora estiveram fortemente atreladas aos projetos expansionistas e imperialistas das potências ocidentais de base cristã. Normalmente conquista e missão constituíam um único projeto, como é o caso da América Latina e de vários países da África. Como conseqüência, lá aonde chegou o cristianismo chegaram também a destruição das religiões locais, a imposição da versão ocidental da fé evangélica e a introdução do modo de viver do Ocidente. Por isso, para a grande maioria dos que vivem fora da galáxia ocidental, o cristianismo representa a religião dos dominadores, participando de sua crueldade e impiedade. Foi cúmplice de genocídio e etnocídio cujos efeitos traumáticos continuam a pesar sobre os sobreviventes até os dias de hoje. Este fato é tanto mais lamentável quando se constata que o cristianismo oficial e hierárquico, especialmente o romano-católico, não mostra a mínima vontade de reconhecer sua culpa histórica e de pedir perdão às vítimas, como se evidenciou na IV Conferência do Episcopado latino-americano em Santo Domingo em 1992 e nas várias celebrações oficiais dos quinhentos anos da América Latina na Espanha e em outros países. É uma atitude arrogante e sem misericórdia. E mesmo os pedidos de perdão do Papa João Paulo II aos crimes feitos contra os judeus e às vítimas da Inquisição contaram com resistências poderosas no interior do aparato central do Vaticano, sem observar ainda que tais pedidos de perdão se referem a vítimas passadas e jamais às vítimas presentes, feitas pela política eclesiástica dura que conduziu em todo o seu longo pontificado, silenciando bispos e depondo de suas cátedras dezenas de teólogos.

Esse cristianismo de dominação mostrou seu caráter dominador não só para fora, na missão, mas também internamente, nas relações entre os professantes. Ele se caracteriza por uma fortíssima centralização e sacralização do poder, pela subordinação de todos os que não pertencem à hierarquia e pela marginalização e exclusão das mulheres. Esse tipo de cristianismo é parte do Ocidente, na forma como pensa, se organiza e fala. Ele não é universalizável. Ele cria homogeneização do mesmo pela via da imposição, como ocorreu com a romanização do catolicismo no mundo inteiro, cuja lógica mostrou ainda sua vigência com a publicação recente do Catecismo Universal da Igreja Católica, com a manifesta manipulação que os representantes de Roma fizeram dos bispos latino-americanos, e dos textos que produziram em Santo Domingo e com a decretada celebração do sínodo dos bispos africanos, não na África, como seria natural, mas em Roma. Ele pertence à cultura da dominação. E sob este título deve ser submetido a poderosa crítica, para não onerar o processo de globalização, confundido com ocidentalização, e para denunciar a manipulação que se faz do cristianismo em favor de interesses mundanos de hegemonia e de dominação, em contradição com seu ideário original.

À medida que o cristianismo oficial reforça os mecanismos de obediência de todos ao poder dos hierarcas, à medida que reafirma suas fórmulas dogmáticas, controla as doutrinas, impõe seus ritos e se mostra severo em sua moral, mais aparecem seu caráter ocidental e, por isso, acidental, sua incapacidade de suscitar esperança e de dizer uma palavra essencial aos que estão aquém e além de suas fronteiras. Ele se faz refém de seu próprio paradigma regional e expressa sua universalidade de forma alienada ou patológica como homogeneização do igual e do mesmo em todas as partes ou generalização de um particular imposto indistintamente a todas as expressões culturais. Nesta estratégia não reforça uma globalização de rosto humano e espiritual, antes se constitui em empecilho à emergência da nova civilização.

Mas pertence também à dialética do cristianismo histórico a presença da profecia e de outro tipo de tradução da fé evangélica que abandona o eixo do poder para se assentar sobre a vida, o serviço e a opção pelos pobres. Sempre houve no cristianismo esta contracorrente, representada especialmente pelas ordens e congregações religiosas, desde os monges do deserto, do século IV, passando pela tradição beneditina, mendicante, de São Francisco, São Domingos, os carmelitas e servitas da Idade Média, até os irmãozinhos e irmãzinhas de Jesus e a opção preferencial pelos pobres das Igrejas da libertação do Terceiro Mundo. A missão dentro deste quadro de referências jamais significa a implantação da Igreja com suas estruturas ocidentais, mas testemunho do evangelho da fraternidade e sororidade como serviço a outras pessoas no código da cultura local e criação de uma síntese entre fé evangélica e vida concreta dos professantes. Esse é um cristianismo de libertação, benfazejo à globalização porque renuncia aos mecanismos de dominação e valoriza cada expressão cultural em sua singularidade e sua capacidade de abertura às outras e por isso como fator de construção de universalidade concreta.

A fé e não a religião cristã é universalizável

O processo de globalização e a crise do cristianismo oficial propiciam o resgate do paleocristianismo, quer dizer, da fé cristã. A fé implica sempre um encontro radical com o Mistério que habita este mundo e que as religiões e as sabedorias decifraram como sendo Deus. A fé-encontro pode ser expressa em muitas linguagens. Nunca se esgota aí totalmente. Por isso pode ser dita em outros códigos e em outros tempos. Ela é, por sua natureza, universalizável, porque também é uma experiência universal, quer dizer, transcultural e ocorre em todos os lugares e em todas as histórias. Por isso a fé une e cria comunidade. As traduções desta fé são sempre culturais, localizadas e datadas. Elas mostram a diferença.

Quando a religião ingenuamente se identifica com a fé, esquecendo-se de que é tradução particular dela, então faz da diferença uma exclusão de todos os que não têm a mesma tradução. É a compreensão fundamentalista da fé. A diferença, assim, cria divisões. E as divisões, guerras religiosas. Portanto, o que desagrega os homens/mulheres não é a fé (experiência do Mistério), mas as religiões (interpretações do Mistério) que se identificam com a fé. Nesse grande equívoco caiu, em grande parte, o cristianismo oficial, identificando fé com religião cristã, Igreja de Cristo com Igreja romano-católica, poder-serviço sagrado com poder hierárquico, cristianismo com mundo ocidental. Para superar esta patologia importa resgatar a experiência originária do cristianismo, antes de ter-se estruturado em poder sagrado e em comunidades hierarquizadas. Ela pode ser útil ao processo de globalização e ajudar na construção de uma civilização planetária.

A fé cristã, e nisso inclui-se a tradição judaica, portanto, a fé judaico-cristã em primeiríssimo lugar se manifesta como uma utopia. A utopia não é algo que se opõe ou nega a realidade. Ela pertence à realidade, à medida que expressa as potencialidades da realidade ainda não concretizadas.

A utopia que a fé judaico-cristã sustenta é essa: existe um sentido global e derradeiro da realidade; tudo está destinado a conservar-se no ser, a chegar a uma plena realização e a ser totalmente transfigurado. A morte não terá a última palavra, mas a vida, e esta em abundância. Tal evento de alegria é obra de Deus para com a sua criação, para com seus filhos e filhas que com sua criatividade também con-criam.

É o que significa a aliança que Deus estabeleceu entre ele e todos os viventes, simbolizada no arco-íris (a aliança de Noé: Gn 9, 11), a aliança com Israel para que, através dele, nunca se perca a memória de que cada povo é Povo de Deus (Gn 12, 3) e por fim a aliança no amor e no sangue de Jesus, fazendo com que todos se considerem libertados e filhos e filhas de Deus (Lc 22, 20; Rm 8, 29). A aliança aqui não possui, portanto, nenhum sentido tribalista e parcial no quadro de uma ideologia da eleição que, historicamente, justificou tantas exclusões e massacres de outros povos. A aliança é sempre com a totalidade, cobrindo como o arco-íris todos os povos e toda a face da Terra. Se começa com a parcialidade (um povo, uma comunidade), seu sentido é superar-se e destinar-se ao todo.

É o que significa também a expressão "Reino de Deus", conteúdo principal da pregação do Jesus histórico. O Reino de Deus não é um território, mas um modo de ser ou uma situação na qual reina a justiça, vigora a misericórdia, impera o amor, triunfa a vida e floresce a interiorização de Deus nas pessoas e na criação.

A utopia do Reino se realiza na história, mas culmina em Deus mesmo. Começa sempre pelo elo mais fraco, pela cana rachada e pela mecha que ainda fumega. O Reino tem sua realização primeira nos seres mais ameaçados e nos humanos mais oprimidos e marginalizados. Por isso, o Reino possui uma iniludível dimensão libertadora: "felizes vocês pobres porque de vocês é o Reino de Deus" (Lc 6, 20).

Essa utopia ganha corpo histórico em tudo aquilo que preserva, defende e promove a vida. Há uma centralidade fundamental na tradição judaico-cristã do tema da vida. Deus é um Deus vivo, gerador e plenificador da vida. Para as Escrituras, a vida é uma determinação de todos os seres; eles, de certa forma, são todos vivos porque são vivificados pelo Sopro criador (o *Spiritus Creator)*, estão sob o olhar benevolente de Deus, são queridos e amados por Ele. Por isso os céus, as pedras, as montanhas, os ventos, as plantas e os animais cantam a glória de Deus. Com a vida vêm a justiça, a misericórdia e o amor.

Reino – o Sentido dos sentidos, o valor supremo de todo o

criado – é libertação *de* e libertação *para*. Libertação de tudo o que rompe a aliança de convivência e solidariedade entre os seres e do fosso que distancia de Deus. Libertação para tudo o que resgata a direção originária e para tudo o que faz evoluir para os lados e para cima toda a criação.

Por fim, pertence à fé judaico-cristã um elemento de esperança: a ressurreição de toda a carne. Ressurreição é muito mais do que reanimação de um cadáver; é a plenificação e transfiguração de todos e cada um dos seres. Quer dizer, o que era potencial agora se transforma em ridente realidade, o que era promessa inscrita no dinamismo de toda a criação agora é cumprimento cabal. É o mundo regressado à sua fonte de origem, mais rico, mais completo, "completando" o próprio Deus. A ressurreição do Crucificado constitui o primeiro ensaio e a amostra grátis daquilo que vai acontecer para cada ser e para a totalidade do universo.

Essa positividade da fé e da esperança cristãs pode ser expressa em qualquer código. Ela não exclui nada. Puxa para cima e empurra para a frente. Ela é universalizável em seu potencial de esperança e de afirmação da criação e de suas possibilidades. Ela afirma o sentido da existência, a complexidade e unidade do universo e a destinação suprema da vida na Vida do próprio Deus.

Essa mesma fé se expressou em todas as culturas, na pluralidade das religiões e das experiências do Divino e do Sagrado. Nenhuma delas detém o monopólio da experiência e de sua expressão. Todas são relativas e abertas. Tal aceitação não relativiza a fé, mas apenas suas expressões culturais. Conhecendo e respeitando as diferenças, somos enriquecidos na identidade da fé comum que possui uma dimensão pessoal, comunitária, cósmica e divina.

Esse é um cristianismo de libertação, pois se soma às outras expressões da fé, sem secundarizá-las e, na intenção, sem oprimi-las ou destruí-las. Realiza o sonho de Jesus e de todas as pessoas verdadeiramente religiosas; não se adorará Deus nem em Garizim, nem em Jerusalém, nem em Roma, nem em Meca, mas em espírito e verdade (Jo 4, 23, portanto, em todos os lugares e circunstâncias). E tanto mais será em espírito e verdade quanto mais a adoração se unir ao compromisso de libertação dos oprimidos e excluídos da história e da natureza. Essa é a liturgia agradável a Deus (Mc 6, 7; Mt 23, 23), porque resgata a união da família humana, que é a família de Deus, e lhe dá condições de ser livre e de poder se relacionar na amizade e no amor.

6
Conclusão: Fidelidade ao Sonho Maior

Um parto é sempre difícil e perigoso. O nascituro passa pela pior crise da vida. Por todos os lados é apertado. Finalmente é expulso do útero. Eis a condição do novo. A humanidade se encontra numa difícil travessia. Passa do nacional para o mundial. Do mundial para o cósmico. Da massa e da energia para a informação e a comunicação. Do macro para o micro (miniaturização das máquinas), do visível para o invisível (energia nuclear, lazer); da exteriorização para uma crescente interiorização, do materialismo para um espiritualismo holístico, da lógica linear do simples para a lógica dialética e dialogal do complexo. Essa páscoa (passagem-travessia) não se faz sem perplexidades, contradições entre o velho que teima em ficar e o novo que forceja em nascer, sem sofrimentos consideráveis. Mas como a mãe em trabalho de parto em meio às dores se alegra, assim nos alegramos também nós porque um filho novo vai nascer, uma humanidade planetizada mais humanizada e benevolente.

Partimos da hipótese de que estamos às portas de grandes mutações, rumo a uma nova civilização planetária, apontando para uma articulação convergente das consciências, uma noosfera. Ela significaria a adequação da mente humana ao novo fenômeno emergente da globalização, ou, melhor dito, seria o fenômeno da planetização/unificação do mundo manifestado na mente humana. Ela é parte deste processo.

O ser humano tem isso de singular no conjunto dos seres da criação. Ele co-pilota com a natureza o processo da evolução. Ele pode retardar passos, desviar outros. Certamente não está em suas mãos frustrar o sentido da seta do tempo nem o caminho do universo. Seria sobrestimá-lo. Ele pode ajudar ou atrapalhar num caminho que se faz há bilhões de anos quando ainda não havia emergido das profundezas da evolução. Blaise Pascal descreveu acertada e realisticamente a condição do ser humano nos seus *Pensées:* "essa quimera... novidade... monstro... caos... sujeito de contradição, prodígio, juiz de todas as coisas, imbecil verme da terra, depositário da verdade, cloaca de incertezas e de erros, glória e rebotalho do universo". Mas ele é responsável por aquilo que lhe compete fazer, por isso é o único ser ético da criação.

Cabe a ele inventar o laço que liga e religa todas as instâncias. Tal desafio tem a ver com a religião. A religião procura re-ligar todas as coisas, o consciente com o inconsciente, a mente com o corpo, a pessoa e o mundo, o masculino e o feminino, o humano com o Divino. A tarefa da religião não se resolve e se esgota no espaço sagrado. Seu lugar é na vida que deve fazer esta re-ligação e esta síntese. Quando ela é bem-sucedida, emerge a experiência de Deus, como aquele Fio que por tudo perpassa e unifica para o alto e para a frente. Então são criados os símbolos e os rituais que constituem o espaço do sagrado no qual se celebra o Deus da vida, da comunidade, da humanidade e do cosmos.

Viver essa re-ligação é obra da fé-encontro como a descrevemos anteriormente. Desafio das religiões históricas, nomeadamente do cristianismo, é resgatar a fé, como experiência originária, e recriar a re-ligação de todas as coisas. Hoje esse desafio é urgente dado o processo aceleradíssimo de unificação da humanidade. Essa fé deve gestar compromisso com a justiça societária para que introduza na família humana os dois terços que dela estão excluídos. Por isso a fé será libertadora ou então não re-ligará ninguém.

Essa missão de re-ligação é de todos e de cada um. O cristianismo pode suscitar nas pessoas a sua responsabilidade de manter o sonho de um mundo reconciliado e justo num cosmos que conta com a nossa cumplicidade para poder atingir um patamar mais alto de complexidade, de interiorização e de unidade a que a lógica bilenar das coisas o move e de dar um exemplo adequado e coerente.

Importa que cada um se engaje numa revolução molecular lá onde se encontra. Não poderá ser substituído por ninguém nem fazer uma delegação impossível a um grupo, a uma comunidade, a uma Igreja ou a um Estado. Cada um é colocado em causa inapelavelmente.

Só assim as forças do *homo sapiens* serão capazes de contra-arrestar as forças do *homo demens* e avançar um passo a mais na direção de sua imersão no universo e no encontro com aquele Mistério de ternura e de bem-aventurança que o habita e que quer uma acolhida consciente e livre entre os humanos.

parte 2

A Nova Ordem Mundial e o Cristianismo

O cristianismo ajuda a humanidade a inaugurar o novo milênio?

Num ponto estamos todos concordes, os do Sul e os do Norte: vivemos atualmente uma crise radical. Trata-se de uma crise de civilização, quer dizer, uma crise do sentido global de nossa existência neste mundo.

Como o cristianismo ajuda a humanidade a sair bem desta crise, para podermos iniciar o século XXI com mais esperança?

1
A Crise Mundial na Perspectiva Ética e Política do Sul

A partir de que perspectiva interpretamos essa crise? Estou profundamente convencido de que importa partir de uma perspectiva ética, em vez de uma perspectiva meramente política. Importa partir de uma perspectiva de honradez. A perspectiva de honradez é aquela que deixa a realidade se mostrar a si mesma; é aquela, portanto, que não encobre a realidade do mundo das grandes maiorias que sofrem, estão desesperadas e têm que morrer antes do tempo. Esta perspectiva ética é aquela que se elabora, politicamente, a partir do Sul, onde estão os dois terços crucificados da humanidade e dos aliados que vivem nos países ricos do Norte.

Mas esta perspectiva é apenas o ponto de partida. Para o ponto de chegada, para uma solução global, precisamos incorporar outras perspectivas também daquelas minorias de países que vivem no hemisfério Norte. Desta forma combinamos ética com política.

Como está a situação da humanidade no Sul? Os indicadores são conhecidos:

– mais de um bilhão de pessoas (três vezes mais que a população da comunidade européia) vivem em absoluta pobreza, tendo que se contentar com um dólar ao dia;

- Mais de dois bilhões vivem com apenas dois dólares, para atender todas as suas necessidades;
- cerca de novecentos milhões de adultos não sabem ler nem escrever;
- cerca de dois bilhões de pessoas não têm água potável;
- cem milhões (a população da França, da Espanha e da Bélgica juntas) estão literalmente sem teto;
- oitocentos milhões vivem permanentemente famintos;
- 150 milhões de crianças, abaixo de cinco anos, são malnutridas; e
- catorze milhões de crianças morrem anualmente antes de completar cinco dias de seu nascimento (Fonte: UNDP, Human Development Report, 1990. N. York, Oxford, Oxford Univ. Press, 1990).

Outros relatórios de organismos internacionais (FMI, Banco Mundial) relatam:

A dívida externa dos países pobres era na década de 1990 da ordem de um trilhão e trezentos bilhões de dólares. Entre a década de 1980 e a de 1990 houve um fluxo de capitais dos países pobres para os países ricos da ordem de 450 bilhões de dólares. Isso equivale a dois planos Marshall completos, plano que reconstruiu a Europa da catástrofe da Segunda Guerra Mundial. Por estes mecanismos se entende por que os países ricos, nos últimos trinta anos, triplicaram sua riqueza enquanto diminuíram em um quarto o volume de trabalho.

Nos anos 1980-1990 os países da América Latina transferiam

para fora cerca de duzentos bilhões de dólares como pagamento dos juros de suas dívidas, que somam, ao todo, quatrocentos bilhões de dólares.

Quem ajuda quem? É o mundo às avessas. Os pobres ajudam os ricos. Os países ricos não precisam mais investir nos países tecnicamente subdesenvolvidos. Bastam cobrar-lhes as dívidas. As economias e as exportações dos países pobres são de antemão hipotecadas para o pagamento da dívida externa. A situação se agrava ainda mais pelo processo de globalização, processado sob o signo do capital mundial.

Efetivamente encontramo-nos num profundo processo de globalização da economia, da ciência e da tecnologia, da comunicação, da informatização e das tendências dominantes da cultura central. Mais e mais se abandona a palavra-chave *desenvolvimento*. Em seu lugar entrou a palavra *mercado*, integração dos mercados continentais no mercado mundial. A palavra mágica que se encontra nas bocas de todos os chefes de Estado é *modernização* ou *modernidade*.

Que está por detrás da expressão *modernização/modernidade?* É a nova utopia social que deve substituir as palavras capitalismo e socialismo. Por que caminhos se chega à modernização? Proclama-se: pelo *neoliberalismo!* O neoliberalismo foi considerado a culminância da história, para alguns até o fim da história. Por isso todos os países se sentiam obrigados a se modernizar mediante o neoliberalismo.

Mas que é, na verdade, e o que quer o neoliberalismo? Digamo-lo com todas as letras: é a fase atual da acumulação capitalista. A base da produção não é mais nacional ou transnacional, mas mundial. Usa-se para isso a tecnologia mais avançada e limpa que só os países do Norte detêm e não a comunicam aos países menos desenvolvidos.

O valor central é a privatização e a conseqüente exaltação do indivíduo. Exige-se a redução do papel do Estado. Ele deve investir menos nas questões sociais, na saúde, na escola, na seguridade social. Propor isso aos países do Sul é condenar à morte multidões de pobres. Por quê? Porque a maioria desses países não fez ainda sua revolução social; e aí o único que cuida da saúde pública, da escola, da moradia e dos serviços básicos é justamente o Estado. Fora dele, nenhuma empresa investe sem retorno em benefícios sociais.

Os anos 80 são considerados para o Terceiro Mundo uma década perdida.

Segundo a FAO, os 5% mais ricos da América Latina aumentaram, nos últimos dez anos, suas riquezas em 8%, enquanto os 75% pobres da população ficaram 13% mais pobres. Quer dizer, o fosso entre ricos e pobres aumentou em 21%.

Os organismos financeiros internacionais e os governos dos países do Norte impõem aos países do Sul uma política conhecida como *ajustes estruturais*. Por estes ajustes, as economias nacionais devem se adequar às exigências do mercado dominado pelos países do capitalismo central.

O mercado é apresentado como a grande realidade, como uma lei natural, como a única forma de produção mundial. Não somos contra o mercado sem mais. Mas o mercado capitalista mundialmente integrado possui um mecanismo bem específico que traz perversas conseqüências. Neste mercado só se entra pela *competitividade,* que, por sua vez, possui uma lógica excludente. Só são competitivas as empresas e nações que utilizam as tecnologias mais avançadas, raramente repassadas aos demais. Essas tecnologias são responsáveis pela modernização que traz avanços e lucros só aos mais fortes. Ausente está a solidariedade e a cooperação internacional.

No neoliberalismo, por causa da modernização e da competitividade, predomina a lógica de exclusão. Os países do Sul, tecnologicamente retardatários, sem suficiente competitividade, com crises políticas internas devido à pobreza e à miséria, não são mais interessantes. Por isso há neles pouquíssimos investimentos estrangeiros. Nós não valemos, porque estamos fora do mercado. Quem está fora do mercado não existe.

Antes, nas décadas de 1960 a 1980, havia um tipo de economia que visava ao desenvolvimento. Éramos subdesenvolvidos. Queríamos nos desenvolver. Éramos confrontados com o sistema e queríamos ou nosso lugar dentro dele ou transformá-lo. Tínhamos otimismo e havia esperança.

Agora impera um tipo de economia que visa apenas pagar a dívida externa. Esta absorve de 35% a 50% dos ingressos de cada país. Somos mais pobres que antes. E perdemos a esperança. Não tempos mais esperança de encontrar uma solução de nossos tradicionais problemas dentro do atual sistema mundial. Agora somos excluídos. E os excluídos são confrontados não com o sistema (dele são excluídos), mas com a miséria, a marginalização e a morte. Em muitas partes grassa uma cultura de resignação e de desesperança.

Passa-se a idéia de que os países do assim chamado Terceiro

Mundo, que é na verdade o mundo dos dois terços, não têm futuro nem salvação. Se quiserem contar devem subordinar-se mais do que antes às políticas econômicas e sociais dos países centrais. Devem obedecer à lógica da globalização. Os efeitos globais sobre as populações são mais iníquos do que no tempo da colonização.

A globalização produz uma grande homogeneização. Pelo mundo todo, os mesmos valores do sistema global, as mesmas tendências culturais, o mesmo estilo de consumo. A virulência do mercado está destruindo as culturas indefesas. Tudo fica monotonamente igual no centro do Rio, no centro do México, no centro de Praga, igual ao centro de Paris, ao centro de Nova York e ao centro de Berlim.

Quando em 1989 se abriu a primeira filial do McDonald's em Moscou, seu representante disse: "Temos uma glória, a glória de havermos criado o Big Mac. Ele é igual no Rio, em Nova York, em Tóquio, em Pequim, em Cingapura e agora aqui em Moscou." É o mesmo tipo de pão, de carne, de ketchup. É a mesma fórmula e o mesmo gosto. Esse fato revela a lógica do sistema de globalização, a homogeneização.

A globalização transforma tudo num imenso Big Mac, o mesmo estilo de hotéis, de vestuário, de filmes, de vídeos, de música, de programas de TV. Até o Vaticano tem o seu Big Mac. Fabricou um catecismo único e igual para todo o mundo. Ele é igual, com os mesmos pecados e as mesmas virtudes, a mesma mentalidade no pólo norte, nos trópicos amazônicos, em Roma, em Bangcoc e no Taiti. É a glória do Big Mac católico.

Passa-se a convicção de que não existe alternativa a esse

modelo de sociedade. Qualquer alternativa é impossível, como o mostrou bem em seus estudos econômicos, na perspectiva do grande Sul, Franz Hinkelammert. Não apenas porque não teria força própria para se sustentar, mas principalmente porque os poderes atuais não a querem e têm suficiente poder para destruí-la (veja-se Nicarágua e o bloqueio férreo a Cuba).

2
As Razões da Crise Mundial

A crise atual é uma crise radical, quer dizer, do sentido fundamental de nossa cultura. Em termos abstratos significa a crise do nosso paradigma. Em termos concretos expressa a crise do sonho maior e da utopia que deu sentido ao mundo moderno nos últimos séculos. Qual era este sonho? O desenvolvimento ilimitado, a vontade de poder como dominação sobre os outros, sobre povos e sobre a natureza.

Mais que o *cogito, ergo sum* (penso, logo sou) de Descartes, é o *conquero, ergo sum* (conquisto, logo sou) de Hernán Cortez, conquistador e destruidor do México, que expressa a dinâmica da modernidade. Os papas da época, Nicolau V (1447-1455) e Alexandre VI (1492-1503), conferiram uma legitimação divina ao espírito de dominação dos europeus. Em nome de Deus concederam às potências imperialistas da época, aos reis de Espanha e Portugal, "a faculdade plena e livre para invadir, conquistar, combater, vencer e submeter os pagãos e se apropriar e aplicar para uso e utilidade sua os reinos, domínios, possessões e bens deles... Pois é obra bem aceita pela divina Majestade que se abatam as nações bárbaras e sejam reduzidas à fé cristã" (*A conquista espiritual da América Espanhola,* org. Paulo Sues, Petrópolis, 1992, p. 227).

Descartes e Francis Bacon, mestres do paradigma moderno, diziam a mesma coisa que os papas: o ser humano deve ser "mestre e dono da natureza", deve "meter a natureza numa camisa-de-força, pressioná-la para entregar-lhe seus segredos; devemos colocá-la a nosso serviço como uma escrava".

Para que tudo isso? Para nos desenvolvermos e sermos felizes. A ciência e a técnica são as grandes armas do projeto de dominação dos povos e da natureza a fim de criar as condições de desenvolvimento e de felicidade do ser humano europeu.

O paradigma da modernidade no capitalismo e no socialismo

O paradigma da modernidade se expressou em dois sistemas sociais antagônicos: o capitalismo e o socialismo.

O capitalismo privatizou os bens e socializou os sonhos. O socialismo socializou os bens e privatizou os sonhos. Explico-me. O capitalismo privatizou os bens (as fábricas, terras, bancos são propriedade privada), mas deixou que os sonhos pudessem se exprimir por todos os meios de comunicação, especialmente pela propaganda e pela televisão. Quer dizer, permite a socialização dos sonhos. Apenas cuida para que os sonhos se realizem dentro dos limites impostos pelos interesses do capital. Numa favela pode faltar o pão, mas não o aparelho de televisão. Esta alimenta os sonhos pelas propagandas, pelas novelas e pelas imagens falantes.

O socialismo socializou os bens, as terras, as fábricas, a educação. Mas privatizou os sonhos. Somente eram aceitos os sonhos sonhados pelo partido único ou que estivessem em concordância com o único sonho socialista. Todos os demais sonhos eram reprimidos e perseguidos.

Hoje podemos fazer um balanço.

O socialismo real fracassou. Impedindo os sonhos, impediu a liberdade, a criatividade e assim destruiu o senso humanitário. Implodiu.

O capitalismo permite os sonhos. Os sonhos, mesmo falaciosos, sustentam a esperança e prolongam a vida. Por isso ele continua. Mas os sonhos ficaram só no imaginário...

Por isso, também ele não resolveu nenhum problema que o socialismo se propunha resolver. Ao contrário: os problemas se agravaram em nível mundial. Há hoje mais pobreza e mais violência generalizada do que antes, tanto nos países ricos quanto nos países empobrecidos.

Qual a suprema ironia? Depois de quinhentos anos, o sonho do desenvolvimento provocou o subdesenvolvimento da maioria dos países do mundo. A dominação da natureza provocou sua rebelião, ameaçando, pela poluição, pelo buraco de ozônio e por outros desequilíbrios ecológicos, a vida das pessoas e outras espécies vivas.

O paradigma moderno de poder como dominação do mundo e dos povos levou, entre outros pontos, a três desvios que marcam visivelmente nossa cultura hoje mundializada: o reducionismo na concepção do ser humano, o recalque do feminino e o desrespeito à alteridade e à natureza.

Reducionismo na concepção do ser humano e da sociedade

Que imagem de ser humano está por detrás do sonho do desenvolvimento e da prosperidade materiais?

É a do homem como um ser de necessidades. Ora, a experiência e os sábios de todos os tempos sempre testemunharam que as necessidades humanas são ilimitadas. Em conseqüência, para satisfazê-las, o desenvolvimento deve ser também ilimitado. Ocorre que elas nunca, obviamente, poderão ser satisfeitas plenamente. Logo, na medida em que o ser humano se orientar por suas necessidades, haverá sempre insatisfação. Mas a natureza agüentará essa dinâmica? Recordemos a frase de Gandhi: "a terra é suficiente para as necessidades básicas de todos, mas não para a voracidade dos consumistas".

Ora, o ser humano não é apenas um ser de necessidades, como um animal. Ele não possui apenas fome de pão, mas também fome de beleza, de comunhão e de transcendência. Numa palavra, ele é fundamentalmente um ser de relações, de solidariedade e de comunhão. Ele pode ter cuidado para com o mundo e ternura para com as pessoas humanas. Ele sonha também para cima, rumo ao desejo absoluto de amor e de entrega. Ele sonha com Deus. Ele não está condenado a ser cativo de suas necessidades e a ser lobo, mas a ser livre e amigo do outro ser humano.

Essa integralidade não foi realizada pelo sentido de vida da modernidade. Por isso estamos em crise de identidade de esperança e de futuro.

O recalque da feminilidade

Um outro elemento, entre tantos, que levou à crise atual é o recalque do feminino. Feminino não se identifica com mulher. Feminino/masculino é uma determinação de cada pessoa humana, homem e mulher. São dois princípios (duas forças) que entram na construção e constituição do ser humano, homem e mulher. Feminino é a dimensão de interioridade, de cuidado, de respeito à vida e ao mistério do mundo, que todos devemos desenvolver. As mulheres realizam a seu modo esta dimensão. Mas os homens também a podem realizar, à sua maneira.

Ocorre que a cultura moderna se assenta sobre o poder. Essa vontade de poder recalcou a dimensão feminina, nos homens, nas mulheres, na sociedade e nas religiões. É uma cultura do trabalho para fora, da exterioridade, do uso do poder-dominação nas relações entre os humanos e para com a natureza.

Por essas razões temos uma ciência agressiva, machista, uma sociedade fundamentalmente masculinizante e igrejas misóginas. Por isso vivemos num estilo de sociedade pobre, sem a irradiação da *anima.* E as mulheres foram as maiores vítimas deste estilo de vida.

Ora, as mulheres são mais da metade da humanidade e são as irmãs e as mães da outra metade, quer dizer, dos homens. Como pode ser sã uma sociedade que se assenta sobre a violência contra os outros, na agressão contra a natureza e na marginalização das mulheres?

O desrespeito à alteridade e à natureza

Na humanidade há diferenças de gêneros, de raças, de culturas, de opiniões, de formas de relação com a natureza e de religiões.

Como a cultura ocidental, hegemônica, comportou-se em face da alteridade? De forma trágica. O homem ocidental possui uma imensa dificuldade de conviver com a diferença. Com poucas exceções, a estratégia foi essa: em face dos africanos, dos asiáticos, dos indígenas e dos não-brancos, utilizou-se a força. Ou para dominá-los, incorporá-los e assim fazê-los iguais ao branco ocidental. Ou então para destruí-los. Raramente se fez uma aliança com o diferente para juntos sermos aliados na grande aventura da vida.

Dramática foi a relação dos europeus com as culturas originárias da América Latina no século XVI. A não-aceitação do outro provocou o maior genocídio da história: em um século cerca de cinqüenta milhões de pessoas foram mortas ou morreram em conseqüência da violência da conquista.

O desrespeito atinge também uma outra grande alteridade que é a natureza. Ela não é acolhida em sua autonomia, possuindo um valor em si mesma, independente do uso humano, já que ela existiu há milhões de anos antes da emergência da espécie *homo.* A Terra e a natureza são reduzidas a um conjunto de recursos, disponíveis à ganância do ser humano que se entende como seu senhor. O nível de degradação da qualidade da vida é tão visível que são dispensadas quaisquer outras considerações.

A questão que agora se coloca é esta: é possível manter a lógica do desenvolvimento ilimitado e ao mesmo tempo evitar a depredação da natureza e a produção da miséria no mundo?

3
Rumo a uma Nova Aliança

Para superarmos a crise precisamos elaborar um novo sonho e articular um novo sentido de vida. No dialeto religioso, diríamos, precisamos de uma nova espiritualidade, de um encontro novo com o Ser, com o Sentido axial da vida e da história, decifrado como o Mistério do mundo, a Razão da evolução, a Seta do tempo. Numa palavra, a Fonte originária de todas as coisas.

O paradigma da re-ligação

Faz-se mister uma nova religião, no sentido profundo e etimológico desta palavra. Quer dizer, faz-se mister algo que re-liga tudo, um sentido tão abrangente que possa servir de fio condutor com o qual possamos costurar todas as experiências, todos os saberes, todas as tradições espirituais, todas as políticas, todas as formas de humanização, e possamos constituir uma realidade planetária una e diversa, dinâmica e includente. Para isso, importa somar, dialeticamente, integrar as várias contribuições e enxergar as complementaridades e assim construir o novo para a frente, numa perspectiva de convergência. Politicamente importa, por exemplo, assumir o momento de verdade dos sistemas já vividos numa síntese realística e não-verbal, síntese humana e espiritual.

O capitalismo criou uma cultura do *eu sem o nós*. O socialismo criou uma cultura do *nós sem o eu*. Agora precisamos da síntese que permita a convivência do *eu com o nós*. Nem individualismo nem coletivismo, mas democracia social e participativa. Precisamos fazer uma autocorreção com referência à concepção do ser humano, à integração do feminino e à aliança com a natureza. Daí podem nascer a nova espiritualidade e o fio que tudo re-liga.

O ser humano como ser de relações

Talvez a melhor definição que se tenha dado ao ser humano seja esta: ele é um nó de relações, voltado para todas as direções. Isso significa que ele é pessoa, quer dizer, um ser aberto (ex-istência) a dar e a receber, à participação, à solidariedade e à comunhão. Todos estes termos mostram que os caminhos humanos são de duas mãos. Quanto mais o ser humano se comunica, sai de si, se doa e recebe o dom do outro, mais pessoa ele é.

Portanto, a própria compreensão do ser humano como relação faz dele um sujeito singular (um eu) que ao mesmo tempo está em comunidade (nós).

Esta realidade humana precisa ganhar uma expressão política. Além do socialismo e do capitalismo precisamos, se quisermos sobreviver coletivamente, construir uma democracia social, participativa, de baixo para cima, que inclua todos. Esta talvez seja hoje a palavra-chave no ideário político mundial: democracia social e participativa. Como uma mesa, ela se sustenta sobre quatro pés como pernas de uma mesa, como insistentemente o repetia Herbert de Souza (o Betinho).

- A *participação:* o ser humano é inteligente e livre; não quer ser apenas assistente e beneficiário, mas ator e participante do projeto coletivo. Só assim ele se faz sujeito da história. Esta participação deve começar de baixo para cima, para não excluir ninguém.
- A *igualdade:* resulta da participação de todos. Quanto mais alguém participa de tudo, tanto mais constrói a igualdade. Cada um é singular e diferente. Mas a participação impede que a diferença se transforme em desigualdade. É a igualdade na dignidade e no direito que sustenta a justiça social. Com a busca de igualdade vem a eqüidade, isto é, a porção que recebo pela minha colaboração na construção do social.
- A *diferença:* deve ser respeitada e acolhida como manifestação das potencialidades das pessoas e das culturas e como riqueza nas formas de participação. São as diferenças que revelam a riqueza da mesma e única humanidade.
- A *comunhão:* o ser humano possui subjetividade, capacidade de comunicação com sua interioridade e com a subjetividade dos outros; é capaz de valores, de compaixão e solidariedade com os mais fracos e de diálogo com a natureza e com a divindade. Eis a espiritualidade.

Estas quatro pernas vêm sempre juntas e compõem o nosso sonho de uma humanidade comunitária, participativa, solidária e espiritual. Ela nos educa a limitarmos, pessoal e comunitariamente, os próprios desejos por amor aos desejos coletivos.

Essa democracia social e participativa se abre à dimensão

cósmica, pois não podemos existir sem a comunidade de vida (meio ambiente) da qual dependemos em nossa existência. Os demais seres da natureza pertencem ao nosso convívio. São sujeitos de direitos. Por isso devem ser incluídos, como concidadãos, e conformar a democracia sociocósmica. Desta forma o bem comum humano é um momento do bem comum da natureza e da vida em todas as suas formas.

Integração do feminino no homem e na mulher

Essa democracia aberta terá mais possibilidade de integrar a dimensão do feminino nas pessoas e na cultura. Não apenas a racionalidade, a eficiência e o trabalho devem contar na vida humana. Mas também a gratuidade, a ternura, o cuidado para com a vida, a convivência prazerosa, a veneração pelas coisas. Ora, esta dimensão é expressão do feminino nos homens e nas mulheres.

As mulheres poderão estar em pé de igualdade com os homens; juntos, homens e mulheres assumirão, cada qual com sua diferença, mas como parceiros, a totalidade das tarefas familiares e públicas. Não o sexo mas a pessoa será o valor de referência.

Por causa da participação pública da mulher, certamente, acontecerão mais cuidado, ternura e proteção com referência à vida e à vida dos seres mais fracos ou penalizados pela natureza e pela história. Por causa da superação do machismo e da integração do feminino, certamente haverá menos conflitos desestruturadores das relações humanas e cósmicas. Haverá mais chances para a paz.

Nova aliança com a natureza

O ser humano mais e mais se descobre como parte da natureza e membro da comunidade de vida. Sua relação não pode ser de dominação, mas de convivência numa nova aliança de fraternidade/sororidade, de respeito e de diálogo. O ser humano precisa da natureza para seu sustento e ao mesmo tempo a natureza, marcada pela cultura, precisa do ser humano para ser preservada e para poder manter ou recuperar seu equilíbrio. Os seres todos da natureza são sujeitos de direitos, pois num nível próprio deles, são portadores de informação e de subjetividade. Por isso tudo o que existe e vive merece existir e viver.

Como acentuamos acima, a democracia não pode ser apenas humana e social, ela deve ser também cósmica. Que seria da sociedade sem as árvores, sem as águas límpidas, sem o ar puro, sem o brilho das estrelas? O ser humano deve integrar todos estes seres como novos cidadãos. Ele deve sentir-se ligado, como irmão e irmã, a todos os seres, das galáxias mais distantes à formiga do caminho. Esta cosmovisão abrirá a possibilidade para uma nova experiência do Sagrado e do Mistério que sustenta o universo e que as religiões chamaram de Deus.

A partir dessa nova aliança, em função do bem comum humano e cósmico, deve-se redefinir o sentido das transformações sociais.

Até hoje estávamos orientados pelo sonho de grandes revoluções redentoras: a revolução científico-técnica, a revolução burguesa, a revolução socialista e a revolução cibernética. Todas estas revoluções exigiram uma altíssima taxa de iniqüidade humana e ecológica. Milhões de pessoas, inumeráveis valores e bens culturais foram sacrificados e perdidos de forma irrecuperável. Hoje – a grande maioria dos homens – perdemos a esperança nas revoluções universais válidas para todas as sociedades.

Precisamos sim de revoluções para realizar as transformações necessárias. Mas elas não se farão por forças políticas, que supõem um determinado sujeito histórico, certo projeto e estratégias de realização. O tempo deste tipo de revolução já passou. Em fase de globalização, precisamos antes de uma coalizão de forças éticas, morais e humanitárias que se mobilizam para as transformações que têm como destino a inteira humanidade. Elas começam pela transformação das subjetividades, pessoais e coletivas.

Acreditamos nas *revoluções moleculares*. Como as moléculas, a menor porção de matéria viva, garantem a sua vida pela relação e articulação com outras moléculas e com o meio ambiente, de forma semelhante, as revoluções devem começar nos grupos e nas comunidades interessadas em transformações. Nos grupos transformam-se as pessoas, suas práticas e suas relações com a sociedade circundante. A partir daí podemos começar a mudar espaços mais amplos da sociedade.

Essas revoluções moleculares estão em curso no mundo todo; por todas as partes surgem grupos, comunidades, articulações com uma nova consciência de solidariedade com os oprimidos e marginalizados do sistema aqui e em outras partes do mundo. São grupos preocupados com a problemática do meio ambiente, dos povos originários; iniciativas de ajuda a quem já se ajuda, que compram e consomem preferentemente produtos dos países pobres; comunidades com novas experiências espirituais e religiosas. Surgem trocas de experiências de grupos dos países ricos com grupos dos países pobres; visitam-se mutuamente; elaboram uma consciência comum de novas formas de globalização que não passam pelo mercado, pela economia e pela tecnociência, mas pela solidariedade, pelo intercâmbio aberto e pelo mútuo aprendizado.

Estamos lentamente regressando à nossa pátria comum. Surge, por todos os lados, uma relação mais benevolente e respeitosa com a natureza. Começamos a conviver com as montanhas, as matas, os animais, as aves e os elementos da natureza como irmãos e irmãs, solidários em um destino comum. Lentamente surge um sentido melhor para o desenvolvimento, como desenvolvimento social, fazendo dos pobres e excluídos sujeitos de sua situação.

Esses são os portadores do novo sonho. Eles se encontram em todos os quadrantes da Terra. Importa crer na força redentora deste sonho.

4
Em que Medida o Cristianismo Ajuda a Construir o Século XXI

Como o cristianismo ajuda nesta imensa tarefa de reconstrução do sentido humano de nossa convivência? Que contribuição oferece para uma espiritualidade verdadeiramente englobante, com outras tradições espirituais da humanidade, ajudando a gestar um sentido novo de viver?

Antes de mais nada, devemos reconhecer, como muitos teólogos já o mostraram, que o cristianismo é cúmplice da crise atual. Ele reforçou com práticas históricas, com textos bíblicos e com outras doutrinas a ideologia do ser humano, senhor e dominador da criação.

Também a forma como o cristianismo socialmente se organizou, centralizando o poder nas mãos dos clérigos, excluindo as mulheres e marginalizando os leigos, faz com que ele seja parte da crise atual e não, sozinho, sua pretensa solução. Na perspectiva do Sul ele é ainda muito eurocêntrico, ocidental, excludente e pouco universalista.

O gesto do líder indígena da Bolívia, Ramiro Reynaga, por ocasião da visita do Papa àquele país em 1985, é simbólico para toda uma linha de pensamento crítico. Ele entregou ao Papa uma carta na qual, em nome dos indígenas, dizia: "Nós, índios dos Andes e da América, decidimos aproveitar a sua visita para devolver-lhe a sua Bíblia, porque em cinco séculos ela não nos deu nem amor, nem paz, nem justiça. Por favor, Santidade, tome de novo sua Bíblia e devolve-a a nossos opressores, porque eles necessitam de seus preceitos morais mais do que nós. Desde a chegada de Cristóvão Colombo, se impôs à América, com força, uma cultura, uma língua, uma religião e valores próprios da Europa. A espada espanhola que de dia atacava e assassinava o corpo dos índios de noite se convertia em cruz que atacava a alma índia." O Papa nada pôde dizer. Teve uma atitude digna: chorou.

O cristianismo oficial encontra-se comprometido com a cultura da dominação. Por isso não podemos esperar muito dele. Haja vista a estratégia atual das igrejas centrais, especialmente do Vaticano, de neo-romanizar toda a Igreja, normatizar as conferências episcopais, controlar as teologias vindas da periferia, homogeneizar a doutrina com um único catecismo universal e com outras medidas de controle central. Querem um cristianismo forte na América e na África, desde que dependente da Europa. Mas não há só o cristianismo oficial. Há também o comunitário.

Dentro do cristianismo comunitário persistem muitas figuras, grupos, movimentos e correntes teológicas que tentam recuperar o sonho de Jesus. Estes inauguram um novo paradigma de cristianismo benfazejo para a humanidade e para a natureza.

Dentre as muitas perspectivas da tradição judaico-cristã que nos ajudam a inaugurarmos com mais esperança o século XXI podemos destacar três: a lógica da inclusão, a nova aliança e a força dos fracos. Esta trindade quer responder aos três desafios fundamentais que vêm da anti-realidade atual. Eles devem estar presentes na nova espiritualidade.

A lógica da inclusão ilimitada

Há um fato brutal hoje que desafia a consciência humana e o sentido do cristianismo: dois terços da humanidade são constituídos por povos literalmente crucificados. Já o dissemos no início de nossa exposição: no mercado mundial a maioria é e se sente excluída. Confronta-se com a miséria e a morte.

Certamente os pobres não aceitarão resignados o veredicto de morte proferido pelos ricos. Irão lutar, buscar solidariedade mundial para sobreviver e participar de um destino comum de justiça e de vida.

Hoje, se as igrejas não tomam a sério os povos crucificados, não sei o que falam, quando falam da cruz, do Cristo crucificado e da Ressurreição do Crucificado. Se não ouvirem o grito dos oprimidos do mundo, como poderão ouvir a voz de Deus, daquele Deus que as Escrituras dizem ser o Deus do grito, o Deus da vida que escuta o clamor dos escravos do Egito, as lamúrias dos exilados da Babilônia e o gemido de cada coração que sofre?

Se não dermos centralidade à questão dos pobres e miseráveis do mundo em nossas reflexões e da nossa prática cristã não salvaremos o cristianismo do cinismo e ratificaremos sua irrelevância histórica.

Isso é por mil razões inaceitável. Seria privar os pobres e os oprimidos de uma arma muito eficaz. Pois o cristianismo pode ser um aliado poderoso deles. Finalmente somos discípulos de um pobre, de um prisioneiro político, de um condenado à morte, de um crucificado, Jesus de Nazaré.

Devemos aliviar a dor dos que estão na cruz, devemos tirá-los da cruz e, por fim, apoiá-los em sua ressurreição.

Mas antes de tudo devemos comunicar-lhes uma boa notícia: se Deus tem um lugar neste mundo, é ao lado deles. Deus se encontra crucificado nos crucificados de nossa história. Mas está na cruz gritando por vida e ressurreição.

É neste contexto que nós cristãos nos lembramos de nossas origens, também de excluídos e crucificados. Precisamos narrar sempre de novo esta gesta de solidariedade. O Deuteronômio nos recorda: "Meu pai era um arameu sem pátria" (Dt 26, 5). No primeiro e segundo milênios antes de Cristo, arameu não designava um povo, mas pessoas, de diversas origens, marginalizadas da ordem vigente na Mesopotâmia, na Palestina e no Egito. Vagavam errantes em busca de trabalho. Os hebreus eram um subgrupo marginal desse grupo maior dos arameus. Foram escravizados no Egito. É a eles que o Êxodo se refere quando faz Deus dizer: "eu ouvi os gritos de aflição diante dos opressores... desci para libertá-los" (Ex 3, 7). E Deus se revela como o "Deus dos hebreus", portanto, dos excluídos e oprimidos que anseiam por sua libertação (Ex 20, 2).

Ora, essa opção de Deus pelos hebreus de ontem e de hoje, portanto, pelos excluídos se opõe frontalmente à atual lógica de exclusão da sociedade mundial. Deus inclui todos, a partir dos "hebreus" de todos os povos, a partir dos condenados da terra.

Essa verdade pode aliviar a cruz que pesa sobre o ombro dos oprimidos que possuem alguma referência de fé. Pode dar-lhes esperança. Deus está com eles.

Mais decisivo é tirá-los da cruz. Só os tiramos da cruz se os ajudarmos a construir uma democracia participativa e social, onde eles se sintam sujeitos, uma economia e uma política diferentes, como referimos antes. Não uma política como técnica do poder-dominação, mas como ato amoroso de busca comum do *bem comum* humano e cósmico. Devemos passar de uma economia do crescimento ilimitado para uma economia do suficiente e decente para todos. Anualmente se aplicam, mesmo depois da guerra fria, três trilhões de dólares para a máquina de morte, das armas atômicas, biológicas e químicas. Com esse dinheiro se poderia dar casa, comida, saúde, educação e lazer a toda a humanidade. Por que não o fazemos?

Tirar da cruz é importante. Mais importante ainda é criar as condições de ressurreição. Ressuscitar um povo é associar-se a ele para que possa conviver em paz com outros povos, poder desenvolver-se consoante seus ideais humanitários, expressar sua alma nos códigos de sua cultura e sentir-se também pela fé e pela oração amigo e Povo de Deus.

Como nós cristãos, nossas igrejas, articulamo-nos para conferir essa esperança aos povos? Tomando a sério a opção pelos pobres. Optar pelos pobres é optar pelas maiorias da humanidade, por sua tragédia, por suas esperanças. Ao fazer-se Igreja dos pobres, a Igreja se torna mais verdadeira, porque mais seguidora do Pobre Jesus. Nos pobres e marginalizados, a Igreja é diretamente Igreja dos pobres. Nos outros, que não são pobres, mas que fizeram uma opção solidária pelos pobres, ela se torna, por implicação, Igreja dos pobres. No século XXI, 70% dos cristãos viverão naquilo que é hoje o Terceiro Mundo. Então reconheceremos o que disse um eminente teólogo alemão, aliado dos teólogos da libertação, J. B. Metz: "A Igreja Católica será, de fato, uma Igreja do Terceiro Mundo com origens históricas no Primeiro Mundo."

Ninguém pode ficar indiferente diante da tragédia dos pobres. Todos somos implicados e, por isso, mediante a solidariedade com os pobres, fazemo-nos também Igreja dos pobres.

A opção pelos pobres e marginalizados constitui hoje o critério de universalidade e credibilidade do cristianismo. Em razão desta opção, as igrejas centrais devem ser mais proféticas. Devem pensar menos em sua identidade e em seus interesses corporativos e ocupar-se mais com o homem comum e os crucificados da história. É servindo-os, representando a causa dos condenados aos formuladores das políticas de ajuda e à opinião pública que elas constroem sua identidade.

Para os cristãos, não há excluídos. Todos estão debaixo do arco-íris do amor do Pai. Os distantes são feitos, por esta opção, próximos. E os próximos, irmãos e irmãs.

A nova aliança no sangue

O Deus da experiência cristã é um Deus encarnado na miséria e duplamente rebaixado. Rebaixado enquanto Deus que se faz homem e rebaixado enquanto homem que se abaixa ao que há de mais baixo no ser humano, ao fazer-se pobre, oprimido e escravo. No baixo da história, Deus encontrou o seu lugar, lá onde as pessoas não têm os meios suficientes de vida, lá onde sofrem injustiças que desumanizam, lá onde elas são injustamente crucificadas. Não é esse o único lugar de encontro, mas o lugar privilegiado; se for esquecido, torna os demais lugares de encontro com Deus problemáticos. Isso no-lo recorda sempre em seus escritos, comovedoramente, Jon Sobrino, teólogo salvadorenho, amigo e assessor do mártir Dom Oscar Arnulfo Romero, como ele, também, tantas vezes ameaçado de morte. Portanto, Deus assumiu o diferente e o mais diferente que é o pecador. Nas palavras fortes de São Paulo, Jesus se fez carne de pecado (Rm 8, 3).

Deus fez uma aliança com o diferente. Não o tratou, como nós ocidentais o fazemos, como uma ameaça, um concorrente e um inimigo que deve ser derrotado. Fez do diferente um aliado em sua causa no mundo, no resgate da criação. Com Cristo Deus reafirmou definitivamente sua aliança conosco. Por isso em Cristo não há nem machismo nem feminismo, nem árabe, nem turco, nem negro, nem branco, mas todos somos uma única comunidade de irmãos e irmãs, cidadãos do mundo.

Ele fundou essa nova aliança, não com palavras, mas com o seu próprio sangue. Este sangue continua sendo derramado ainda hoje no sangue dos turcos mortos pelos racistas radicais da Alemanha, no sangue dos meninos e meninas de rua assassinados em tantas cidades do Brasil e da América Latina, no sangue dos índios ianomâmis da Amazônia, ameaçados de extermínio pelos garimpeiros, e pela política de integração do governo brasileiro.

Essa realidade brutal constitui uma tentação à nossa fé na aliança eterna de Jesus a ponto de um bispo profético da Amazônia brasileira, Dom Pedro Casaldáliga, confessar com infinita tristeza: "Há tempos em que sinto o desaparecimento de povos inteiros como um absurdo mistério de iniqüidade histórica que converte minha fé em abatimento."

Transformemos essa aliança no sangue numa atitude política contracorrente, em favor dos culturalmente diferentes de nós, pois hoje somos chamados a viver uma cidadania universal e a criar uma democracia planetária.

A força dos pequenos

Certamente muitos dirão: somos tão poucos, como transformar as relações mundiais? Como viabilizar nossas revoluções moleculares? Para isso o cristianismo tem uma palavra. Há uma força secreta no pequeno, basta que ele seja verdadeiro. A salvação nos foi sinalizada por Israel, considerado pelas Escrituras "o menor de todos os povos" (Dt 7, 7). O Messias libertador foi julgado como o "refugo da humanidade" (Is 53, 3). E, no entanto, foi por ele que, segundo o credo cristão, realizou-se para nós o sentido do universo. Precisamos crer na força revolucionária da semente. A conversão do coração, a criação de uma nova consciência solidária e planetária, nossas revoluções moleculares, o sonho de uma democracia social e cósmica nos estão indicando o caminho daquilo que deve ser para toda a humanidade.

Mas isso somente terá futuro se nós estivermos convencidos

da justeza desta causa e teimosamente a construirmos dia a dia. Somente faremos o caminho de dez mil passos se tivermos a coragem de dar o primeiro passo, disse certa vez Mao Tsé-tung.

Um fraco mais um fraco não são dois fracos, mas um forte, porque a união faz a força.

5
Conclusão: Todos Somos Águias

Ouvi nos meus tempos de estudante uma pequena história que pode ser entendida como uma metáfora de nossa situação atual. Fiz dela um livro, *A águia e a galinha*, com o objetivo de resgatar a auto-estima dos seres humanos humilhados e reforçar a consciência de que somos um projeto infinito. Com ela quero terminar estas reflexões.

Certa feita, um camponês capturou um filhote de águia. Criou-o em casa com as galinhas. A águia se transformou aparentemente numa galinha. Um dia o camponês recebeu a visita de um naturalista que conhecia os hábitos das águias. E disse: esta que está aí não é uma galinha. É uma águia. E a águia não cisca o chão como as galinhas. Ela é chamada a voar alto e a estar acima das montanhas. O camponês retrucou: mas ela virou galinha. Já não voa mais. Disse-lhe o naturalista: ela não voa agora, mas ela tem dentro do peito e nos olhos a direção do sol e o chamado das alturas. Ela vai voar. Certa manhã, os dois foram bem cedo ao alto da montanha. O sol nascia. O naturalista segurou a águia firme, com os olhos voltados para o sol. E então a lançou para o alto. E a águia, transformada em galinha, despertou em seu ser de águia. Ergueu vôo. Ziguezagueante no começo, depois firme, sempre mais alto e mais alto, até desaparecer no infinito do céu matinal.

Companheiros e companheiras de sonho e de esperança: dentro de cada um de nós vive uma águia. Nossa cultura e os sistemas de domesticação nos transformaram em galinhas que ciscam o chão. Mas nós temos a vocação para o alto, para o infinito. Libertemos a águia que se esconde em nós. Não permitamos que nos condenem à mediocridade. Façamos o vôo da libertação. E arrastemos outros conosco, porque todos escondemos uma águia em nós. Todos somos águias.

parte 3

Conclusão

Recriar o Horizonte Utópico

Está terminando a ressaca política e espiritual que veio com a quebra das expectativas e esperanças associadas aos ideais socialistas e também com a cultura da resignação trazida pelo capitalismo mundialmente integrado. A ordem do capital hoje mundializada não resolveu nenhum problema deixado pelo socialismo nominal (o real continua a ser ainda um projeto a ser historiado). Ao contrário, agravou-se a situação mundial. Entregue à sua própria lógica, sem oposição e sem alternativa, esta ordem hegemônica dramatizou ainda mais a situação dos pobres do mundo. A aceleração do processo de acumulação tornou os pobres ainda mais pobres – e o que é pior, com menos esperança – e agravou pelo consumismo a qualidade de vida dos ricos.

O capitalismo agora não tem desculpas. Mal consegue esconder sua voracidade e seu rosto perverso, porquanto não funciona mais o pretexto de combater o socialismo e impedir os ideais comunistas. Ele está corroendo as duas pilastras sobre as quais sempre se sustentou: a natureza e a força de trabalho. A natureza sofre uma bárbara espoliação. E a força de trabalho, depois de séculos de exploração, está sendo maciçamente dispensada sem nenhuma compensação em nome da nova tecnologia da informação e da automação.

Somente espíritos curtos crêem ser o mercado a solução

para os principais problemas da humanidade e o neoliberalismo a forma política final da humanidade. Ingênua é também a convicção de que com a uniformização das doutrinas e das linguagens se consegue revitalizar o cristianismo; na verdade, assim ele aparece ainda mais como ocidental e por isso acidental para uma visão global do processo humano. Tais estratégias apenas confirmam a cultura do desencanto, da resignação e da desesperança.

Mas o cenário está mudando. Nota-se mundialmente, um pouco por todas as partes, que a ressaca está acabando. As ondas se retraem à sua normalidade e o rio transbordado volta ao seu leito natural. Lentamente está surgindo uma nova esperança. Políticos de origem popular, alguns filhos da pobreza, chegam ao poder de Estado, abrindo esperanças novas com políticas centradas no social e diretamente direcionadas aos mais pobres e excluídos.

O horizonte de esperança que está surgindo radica num patamar de consciência que, por sua vez, se assenta sobre uma nova experiência: a experiência de que um outro mundo é possível, de que formamos, os humanos, uma grande família; esta família não se restringe mais aos humanos, mas inclui o sistema-Terra com todos os seus seres, corpos e viventes; mais ainda, que o próprio cosmos é o nosso grande corpo; formamos todos uma imensa comunidade sociocósmica. As estrelas são nossas irmãs, bem como os elementos físico-químicos que compõem todos os seres são nossos irmãos.

A despeito de todos os percalços temos, como comunidade total, um único destino. Por isso aumenta a consciência planetária da co-responsabilidade pela existência e pela vida de todos. Tudo o que existe e vive merece existir e viver, pois a maioria dos seres existiu muito antes do ser humano. Todos têm direito ao futuro e às condições ecológicas que o tornem possível.

Todas as coisas novas começam primeiramente por se anunciar na consciência das pessoas. Assim, já há bastante tempo, pensa-se numa civilização planetária e numa cidadania terrestre. Blocos se formam, continentalizam-se economias, e mais e mais surgem organismos cujo destinatário é o mundo e cujas políticas visam à humanidade. São os primeiros albores de uma nova aurora.

É verdade que esse processo planetário ocorre dentro de grandes contradições. Predomina ainda a visão dos estados-nações, quando a ecologia borrou todas as fronteiras; a poluição atmosférica e o buraco da camada de ozônio são produzidos principalmente pelos países industrializados, responsáveis por 80% da poluição do ar e das águas do mundo; países e regiões que não têm limites geográficos com esses poluidores são afetados com conseqüências deletérias. As sociedades mantêm-se reféns de antigos paradigmas que parcializam a experiência humana em etnias, classes, ideologias e religiões, quando todas estas instâncias devem ser relativizadas, quer dizer, devem ser colocadas em relação ao processo maior de planetização e de constituição da humanidade como humanidade una e diversa. As culturas estão se enrijecendo em sua lógica interna. Balcanizam-se. Por medo de perder o que por séculos construíram, tornam-se agressivas e centradas em si mesmas. Fazem-se conservadoras e até reacionárias. Por aí se entende a onda de fundamentalismo e de exclusões que grassa em vastas regiões do mundo.

A simples lógica da identidade e da diferença não possui suficiente força para salvaguardar as culturas. Elas precisam incorporar a lógica dialogal pela qual se abrem às outras, escutam suas mensagens, aprendem lições sábias, ao mesmo tempo que testemunham sua própria riqueza interior. A lógica dialogal pressupõe o logos pericorético (pericórese significa o jogo de todos com todas as relações), o logos que vive do inter-retrorrelacionamento com todos e por todos. O logos pericorético é adequado à complexidade da realidade; é ele que permite ver o contrário e até o contraditório como complementares dentro do grande sistema da vida e da humanidade. É por ele que se impede a generalização de um particular mais forte sob o pretexto de representar a universalidade. A universalidade somente se dá na conjugação dos particulares concretos que se respeitam, se apreciam, entram em diálogos e juntos apreendem o mistério da vida e do mundo e colocam-se a seu serviço. Realizam a dos pontos em comum que lhes permitem caminhar juntos, respeitando as diferenças próprias, sem deixar que sejam compreendidas como desigualdades.

Não obstante as contradições, cresce inarredavelmente a realidade da globalização e de um patamar mais alto de consciência coletiva. Os que alegam as contradições para questionar a novidade têm, certamente, razões no que dizem e não as têm no que ocultam, vale dizer, o novo que emerge. O realismo da brutalidade dos fatos não é suficientemente realista, pois dentro do real se dão também o potencial e o utópico como dimensão do real não captada pelo realismo. O puro realismo nos condena ao fatalismo, à resignação e à desesperança.

O potencial e o utópico, como dimensão do real e não sua negação, nos abrem a perspectiva do futuro e constroem o horizonte utópico que gera forças de construção e de acolhida do novo e do ainda não-experimentado.

Nossas reflexões querem animar este horizonte utópico. Anunciam-se para além da crise mundial promessas novas. Na figura que utilizávamos, importa emprestar asas à águia para que decole do chão e ganhe altura. Para isso ela precisa olhar de frente o sol e suscitar a esperança escondida no bojo das potencialidades do real.

É verdade o que dizia o poeta Fernando Pessoa: "nós somos do tamanho do que vemos e não do tamanho de nossa altura". A nossa altura é de um ser pequeno, minúsculo, que se perde na imensidão quase infinita do universo. Mas lhe é dado ver além dos confins do universo e sentir o pulsar do coração do outro e do próprio Deus. Está no vale, mas sua visão se orienta pelo cume das montanhas e pelas estrelas. E pode unir abismos com estrelas. Por isso podemos esperar para além de todas as contradições. É o sentido das presentes reflexões.

A Carta da Terra

PREÂMBULO

Estamos diante de um momento crítico na história da Terra, numa época em que a humanidade deve escolher o seu futuro. À medida que o mundo torna-se cada vez mais interdependente e frágil, o futuro enfrenta, ao mesmo tempo, grandes perigos e grandes promessas. Para seguir adiante, devemos reconhecer que, no meio da uma magnífica diversidade de culturas e formas de vida, somos uma família humana e uma comunidade terrestre com um destino comum. Devemos somar forças para gerar uma sociedade sustentável global baseada no respeito pela natureza, nos direitos humanos universais, na justiça econômica e numa cultura da paz. Para chegar a este propósito, é imperativo que nós, os povos da Terra, declaremos nossa responsabilidade uns para com os outros, com a grande comunidade da vida, e com as futuras gerações.

Terra, Nosso Lar

A humanidade é parte de um vasto universo em evolução. A Terra, nosso lar, está viva com uma comunidade de vida única. As forças da natureza fazem da existência uma aventura exigente e incerta, mas a Terra providenciou as condições essenciais para a evolução da vida. A capacidade de recuperação da comunidade da vida e o bem-estar da humanidade dependem da preservação de uma biosfera saudável com todos os seus sistemas ecológicos, uma rica variedade de plantas e animais, solos férteis, águas puras e ar limpo. O meio ambiente global com seus recursos finitos é uma preocupação comum de todas as pessoas. A proteção da vitalidade, diversidade e beleza da Terra é um dever sagrado.

A Situação Global

Os padrões dominantes de produção e consumo estão causando devastação ambiental, redução dos recursos e uma massiva extinção de espécies. Comunidades estão sendo arruinadas. Os benefícios do desenvolvimento não estão sendo divididos eqüitativamente e o fosso entre ricos e pobres está aumentando. A injustiça, a pobreza, a ignorância e os conflitos violentos têm aumentado e são causa de grande sofrimento. O crescimento sem precedentes da população humana tem sobrecarregado os sistemas ecológico e social. As bases da segurança global estão ameaçadas. Essas tendências são perigosas, mas não inevitáveis.

Desafios para o Futuro

A escolha é nossa: formar uma aliança global para cuidar da Terra e uns dos outros, ou arriscar a nossa destruição e a da diversidade da vida. São necessárias mudanças fundamentais dos nossos valores, instituições e modos de vida. Devemos entender que, quando as necessidades básicas forem atingidas, o desenvolvimento humano será primariamente voltado a ser mais, não a ter mais. Temos o conhecimento e a tecnologia necessários para abastecer a todos e reduzir nossos impactos ao meio ambiente. O surgimento de uma sociedade civil global está criando novas oportunidades para construir um mundo democrático e humano. Nossos desafios ambientais, econômicos, políticos, sociais e espirituais estão interligados, e juntos podemos forjar soluções includentes.

Responsabilidade Universal

Para realizar essas aspirações, devemos decidir viver com um sentido de responsabilidade universal, identificando-nos com toda a comunidade terrestre, bem como com nossa comunidade local.

Somos, ao mesmo tempo, cidadãos de nações diferentes e de um mundo no qual as dimensões local e global estão ligadas. Cada um compartilha da responsabilidade pelo presente e pelo futuro, pelo bem-estar da família humada e de todo o mundo dos seres vivos. O espírito de solidariedade humana e de parentesco com toda a vida é fortalecido quando vivemos com reverência o mistério da existência, com gratidão pelo dom da vida, e com humildade, considerando o lugar que ocupa o ser humano na natureza.

Necessitamos com urgência de uma visão compartilhada de valores básicos para proporcionar um fundamento ético à comunidade mundial emergente. Portanto, juntos na esperança, afirmamos os seguintes princípios, todos interdependentes, visando a um modo de vida sustentável como critério comum, por meio dos quais a conduta de todos os indivíduos, organizações, empresas, governos e instituições transnacionais será guiada e avaliada.

PRINCÍPIOS

I. RESPEITAR E CUIDAR DA COMUNIDADE DA VIDA

1. Respeitar a Terra e a vida em toda a sua diversidade.

a. Reconhecer que todos os seres são interligados e cada forma de vida tem valor, independentemente de sua utilidade para os seres humanos.

b. Afirmar a fé na dignidade inerente de todos os seres humanos e no potencial intelectual, artístico, ético e espiritual da humanidade.

2. Cuidar da comunidade da vida com compreensão, compaixão e amor.

a. Aceitar que com o direito de possuir, administrar e usar os recursos naturais vem o dever de impedir o dano causado ao meio ambiente e de proteger os direitos das pessoas.

b. Assumir que o aumento da liberdade, dos conhecimentos e do poder implica responsabilidade na promoção do bem comum.

3. Construir sociedades democráticas que sejam justas, participativas, sustentáveis e pacíficas.

a. Assegurar que as comunidades em todos os níveis garantam os direitos humanos e as liberdades fundamentais e proporcionem a cada um a oportunidade de realizar seu pleno potencial.

b. Promover a justiça econômica e social, propiciando a todos a consecução de uma subsistência significativa e segura, que seja ecologicamente responsável.

4. Garantir as dádivas e a beleza da Terra para as atuais e as futuras gerações.

a. Reconhecer que a liberdade de ação de cada geração é condicionada pelas necessidades das gerações futuras.

b. Transmitir às futuras gerações valores, tradições e instituições que apóiem, a longo prazo, a prosperidade das comunidades humanas e ecológicas da Terra.

Para poder cumprir estes quatro extensos compromissos é necessário:

II. INTEGRIDADE ECOLÓGICA

5. Proteger e restaurar a integridade dos sistemas ecológicos da Terra, com especial preocupação pela diversidade biológica e pelos processos naturais que sustentam a vida.

a. Adotar planos e regulamentações de desenvolvimento sustentável em todos os níveis que façam com que a conservação ambiental e a reabilitação sejam parte integral de todas as iniciativas de desenvolvimento.

b. Estabelecer e proteger as reservas com uma natureza viável e da biosfera, incluindo terras selvagens e áreas marinhas, para proteger os sistemas de sustento à vida da Terra, manter a biodiversidade e preservar nossa herança natural.

c. Promover a recuperação de espécies e ecossistemas ameaçadas.

d. Controlar e erradicar organismos não-nativos ou modificados geneticamente que causem dano às espécies nativas, ao meio ambiente, e prevenir a introdução desses organismos daninhos.

e. Manejar o uso de recursos renováveis como a água, o solo, os produtos florestais e a vida marinha de modo que não excedam as taxas de regeneração e que protejam a sanidade dos ecossistemas.

f. Manejar a extração e o uso de recursos não-renováveis, como minerais e combustíveis fósseis, de forma que diminua a exaustão e não cause dano ambiental grave.

6. Prevenir o dano ao ambiente como o melhor método de proteção ambiental e, quando o conhecimento for limitado, assumir uma postura de precaução.

a. Orientar ações para evitar a possibilidade de sérios ou irreversíveis danos ambientais mesmo quando a informação científica for incompleta ou não-conclusiva.

b. Impor o ônus da prova àqueles que afirmarem que a atividade proposta não causará dano significativo e fazer com que os grupos sejam responsabilizados pelo dano ambiental.

c. Garantir que a decisão a ser tomada se oriente pelas conseqüências humanas globais, cumulativas, de longo prazo, indiretas e de longo alcance.

d. Impedir a poluição de qualquer parte do meio ambiente e não permitir o aumento de substâncias radioativas, tóxicas ou outras substâncias perigosas.
e. Evitar que atividades militares causem dano ao meio ambiente.

7. Adotar padrões de produção, consumo e reprodução que protejam as capacidades regenerativas da Terra, os direitos humanos e o bem-estar comunitário.
a. Reduzir, reutilizar e reciclar materiais usados nos sistemas de produção e consumo e garantir que os resíduos possam ser assimilados pelos sistemas ecológicos.
b. Atuar com restrição e eficiência no uso de energia e recorrer cada vez mais aos recursos energéticos renováveis, como a energia solar e o vento.
c. Promover o desenvolvimento, a adoção e a transferência eqüitativa de tecnologias ambientais saudáveis.
d. Incluir totalmente os custos ambientais e sociais de bens e serviços no preço de venda e habilitar os consumidores a identificar produtos que satisfaçam as mais altas normas sociais e ambientais.
e. Garantir acesso universal à assistência de saúde que fomente a saúde reprodutiva e a reprodução responsável.
f. Adotar estilos de vida que acentuem a qualidade de vida e subsistência material num mundo finito.

8. Avançar o estudo da sustentabilidade ecológica e promover a troca aberta e a ampla aplicação do conhecimento adquirido.

a. Apoiar a cooperação científica e técnica internacional relacionada à sustentabilidade, com especial atenção às necessidades das nações em desenvolvimento.

b. Reconhecer e preservar os conhecimentos tradicionais e a sabedoria espiritual em todas as culturas que contribuam para a proteção ambiental e o bem-estar humano.

c. Garantir que informações de vital importância para a saúde humana e para a proteção ambiental, incluindo informação genética, estejam disponíveis ao domínio público.

III. JUSTIÇA SOCIAL E ECONÔMICA

9. Erradicar a pobreza como um imperativo ético, social e ambiental.

a. Garantir o direito à água potável, ao ar puro, à segurança alimentar, aos solos não-contaminados, ao abrigo e saneamento seguro, distribuindo os recursos nacionais e internacionais requeridos.

b. Prover cada ser humano de educação e recursos para assegurar uma subsistência sustentável e proporcionar seguro social e segurança coletiva a todos aqueles que não são capazes de manter-se por conta própria.

c. Reconhecer os ignorados, proteger os vulneráveis, servir àqueles que sofrem e permitir-lhes desenvolver suas capacidades e alcançar suas aspirações.

10. Garantir que as atividades e instituições econômicas em todos os níveis promovam o desenvolvimento humano de forma eqüitativa e sustentável.

a. Promover a distribuição eqüitativa da riqueza dentro das e entre as nações.
b. Incrementar os recursos intelectuais, financeiros, técnicos e sociais das nações em desenvolvimento e isentá-las de dívidas internacionais onerosas.
c. Garantir que todas as transações comerciais apóiem o uso de recursos sustentáveis, a proteção ambiental e normas trabalhistas progressistas.
d. Exigir que corporações multinacionais e organizações financeiras internacionais atuem com transparência em benefício do bem comum e responsabilizá-las pelas conseqüências de suas atividades.

11. Afirmar a igualdade e a eqüidade de gênero como pré-requisitos para o desenvolvimento sustentável e assegurar o acesso universal à educação, à assistência de saúde e às oportunidades econômicas.

a. Assegurar os direitos humanos das mulheres e das meninas e acabar com toda violência contra elas.
b. Promover a participação ativa das mulheres em todos os aspectos da vida econômica, política, civil, social e cultural como parceiras plenas e paritárias, tomadoras de decisão, líderes e beneficiárias.
c. Fortalecer as famílias e garantir a segurança e a educação amorosa de todos os membros da família.

12. Defender, sem discriminação, os direitos de todas as pessoas a um ambiente natural e social capaz de assegurar a dignidade humana, a saúde corporal e o bem-estar espiritual, concedendo especial atenção aos direitos dos povos indígenas e minorias.

a. Eliminar a discriminação em todas as suas formas, como as baseadas em raça, cor, gênero, orientação sexual, religião, idioma e origem nacional, étnica ou social.

b. Afirmar o direito dos povos indígenas à sua espiritualidade, conhecimentos, terras e recursos, assim como às suas práticas relacionadas a formas sustentáveis de vida.

c. Honrar e apoiar os jovens das nossas comunidades, habilitando-os a cumprir seu papel essencial na criação de sociedades sustentáveis.

d. Proteger e restaurar lugares notáveis, de significado cultural e espiritual.

IV. DEMOCRACIA, NÃO-VIOLÊNCIA E PAZ

13. Fortalecer as instituições democráticas em todos os níveis e proporcionar-lhes transparência e prestação de contas no exercício do governo, participação inclusiva na tomada de decisões e no acesso à justiça.

a. Defender o direito de todas as pessoas no sentido de receber informação clara e oportuna sobre assuntos ambientais e todos os planos de desenvolvimento e atividades que poderiam afetá-las ou nos quais tivessem interesse.

b. Apoiar sociedades civis locais, regionais e globais e promover a participação significativa de todos os indivíduos e organizações na tomada de decisões.

c. Proteger os direitos à liberdade de opinião, de expressão, de assembléia pacífica, de associação e de oposição.

d. Instituir o acesso efetivo e eficiente a procedimentos administrativos e judiciais independentes, incluindo retificação e compensação por danos ambientais e pela ameaça de tais danos.

e. Eliminar a corrupção em todas as instituições públicas e privadas.

f. Fortalecer as comunidades locais, habilitando-as a cuidar dos seus própios ambientes, e atribuir responsabilidades ambientais aos níveis governamentais onde possam ser cumpridas mais efetivamente.

14. Integrar, na educação formal e na aprendizagem ao longo da vida, os conhecimentos, valores e habilidades necessárias para um modo de vida sustentável.

a. Oferecer a todos, especialmente a crianças e jovens, oportunidades educativas que lhes permitam contribuir ativamente para o desenvolvimento sustentável.

b. Promover a contribuição das artes e humanidades, assim como das ciências, na educação sustentável.

c. Intensificar o papel dos meios de comunicação de massa no sentido de aumentar a sensibilização para os desafios ecológicos e sociais.

d. Reconhecer a importância da educação moral e espiritual para uma subsistência sustentável.

15. Tratar todos os seres vivos com respeito e consideração.

a. Impedir crueldades aos animais mantidos em sociedades humanas e protegê-los de sofrimentos.
b. Proteger animais selvagens de métodos de caça, armadilhas e pesca que causem sofrimento extremo, prolongado ou evitável.
c. Evitar ou eliminar, ao máximo possível, a captura ou destruição de espécies não visadas.

16. Promover uma cultura de tolerância, não-violência e paz.

a. Estimular e apoiar o entendimento mútuo, a solidariedade e a cooperação entre todas as pessoas, dentro e entre as nações.
b. Implementar estratégias amplas para prevenir conflitos violentos e usar a colaboração na resolução de problemas para manejar e resolver conflitos ambientais e outras disputas.
c. Desmilitarizar os sistemas de segurança nacional até chegar ao nível de uma postura não-provocativa da defesa e converter os recursos militares em propósitos pacíficos, incluindo restauração ecológica.
d. Eliminar armas nucleares, biológicas e tóxicas e outras armas de destruição em massa.
e. Assegurar que o uso do espaço orbital e cósmico mantenha a proteção ambiental e a paz.
f. Reconhecer que a paz é a plenitude criada por relações corretas consigo mesmo, com outras pessoas, outras culturas, outras vidas, com a Terra e com a totalidade maior da qual somos parte.

O CAMINHO ADIANTE

Como nunca antes na história, o destino comum nos conclama a buscar um novo começo. Tal renovação é a promessa dos princípios da Carta da Terra. Para cumprir esta promessa, temos de nos comprometer a adotar e promover os valores e objetivos da Carta.

Isto requer uma mudança na mente e no coração. Requer um novo sentido de interdependência global e de responsabilidade universal. Devemos desenvolver e aplicar com imaginação a visão de um modo de vida sustentável aos níveis local, nacional, regional e global. Nossa diversidade cultural é uma herança preciosa, e diferentes culturas encontrarão suas próprias e distintas formas de realizar esta visão. Devemos aprofundar e expandir o diálogo global gerado pela Carta da Terra, porque temos muito que aprender a partir da continuada busca de verdade e sabedoria.

A vida muitas vezes envolve tensões entre valores importantes. Isto pode significar escolhas difíceis. Porém, necessitamos encontrar caminhos para harmonizar a diversidade com a unidade, o exercício da liberdade com o bem comum, objetivos de curto prazo com metas de longo prazo. Todo indivíduo, família, organização e comunidade têm um papel vital a desempenhar. As artes, as ciências, as religiões, as instituições educativas, os meios de comunicação, as empresas, as organizações não-governamentais e os governos são todos chamados a oferecer uma liderança criativa. A parceria entre governo, sociedade civil e empresas é essencial para uma governabilidade efetiva.

Para construir uma comunidade global sustentável, as nações do mundo devem renovar seu compromisso com as Nações Unidas, cumprir com suas obrigações, respeitando os acordos internacionais existentes, e apoiar a implementação dos princípios da Carta da Terra juntamente com um instrumento internacional legalmente unificador quanto ao ambiente e ao desenvolvimento.

Que o nosso tempo seja lembrado pelo despertar de uma nova reverência diante da vida, pelo compromisso firme de alcançar a sustentabilidade, pela intensificação da luta pela justiça e pela paz e pela alegre celebração da vida.

Indicações Bibliográficas

ABURDENE, P. & NAISBITT, J. *Megatendências para as mulheres.* Rio de Janeiro, Rosa dos Tempos, 1993.

ARRUDA, M. *Transformações globais e os desafios da construção da democracia.* Rio de Janeiro, PACS / PRIES / CS, 1993.

BERRY, T. *O sonho da terra.* Petrópolis, Vozes, 1991.

BOFF, L. *Ecologia, mundialização, espiritualidade.* São Paulo, Ática, 1994.

______. "Deus e a moderna cosmologia". In: *Revista Teológica.* São Paulo, Fac. Rudge Ramos, 1994.

______. "Okologie und Spiritualität". Kosmiche Mystik, em *Evangelische Theologie,* n.º 5, Munique, 1993, pp. 420-438.

CAPRA, F. *O Tao da física.* São Paulo, Cultrix, 1991.

______. *O ponto de mutação.* São Paulo, Cultrix, 1991.

CREMA, R. *Introdução à visão holística.* São Paulo, Summus, 1988.

DREIFUSS, R. A. *Transformações globais: uma visão do hemisfério Sul.* Rio de Janeiro, PACS / PIES / SC, 1991.

EHRLICH, P. R. *O mecanismo da natureza.* São Paulo, Campus, 1993.

FREI BETTO. *Teilhard de Chardin: sinfonia universal.* São Paulo, Letras & Letras, 1992.

GRANRUT, Ch. *La mondialisation de l´économie.* Eléments de synthèse, em FAST (Commission des Communautés Européenes), Bruxelas, 1990.

HALLMAN, D. G. *A place in Creation.* Toronto, The United Church Publishing House, 1992.

HAWKING, S. *Uma breve história do tempo.* Rio de Janeiro, Rocco, 1989.

HINKELHAMMERT, F. J. *La lógica de la expulsión del mercado capitalista mundial y el proyecto de liberación.* Pasos, San José de Costa Rica, 1992.

INGELHARDT, R. *Sociopolitical change in global perspective: Preliminary findings from the 1990 World Values Survey,* Institute for Social Research, University of Michigan, 1990.

LOVELOCK, J. *Gaia.* Lisboa, Edições 70, 1987.

____________. *As eras de Gaia.* São Paulo, Campus, 1992.

LUTZENBERGER, J. *Fim do futuro?* Porto Alegre, Ed. Movimento, 1980.

LUYCKCX, M. *Religions & Étiques aprés Prométhée.* Bruxelas, FAST, 1992.

MEADOWS, D. *Limites do crescimento.* São Paulo, Perspectiva, 1972.

MORIN, E. *Science avec Conscience.* Paris, Fayard, 1991.

________. *Terre-patrie.* Paris, Seuil, 1993.

MOLTMANN, J. "Die Erde und die Menschen". Zum theologischen Verstandnis der Gaja-Hipotese, *Evangelische Teologie,* n.º 5, 1993, pp. 420-438.

MOURÃO, R. de Freitas. *Ecologia cósmica.* São Paulo, Francisco Alves, 1992.

PASTERNAK-PESSIS, G. *Do caos à inteligência artificial.* São Paulo, Unesp, 1992.

PETRELLA, R. *The globalization of technological innovation.* Bruxelas, FAST, 1990.

PRIGOGINE, I. & STENGERS, I. *A nova aliança.* Brasília, Ed. da Universidade de Brasília, 1980.

____________. *Entre o tempo e a eternidade.* São Paulo, Companhia das Letras, 1992.

ROBIN, J. *Changer d'ère.* Paris, Seuil, 1989.

SHELDRAKE, R. *Die Widergebut der Natur.* Berna, Scherz, 1993.
SOUZA, W. *O novo paradigma.* São Paulo, Cultrix, 1993.
UNGER, N. M. *O encantamento do humano: ecologia e espiritualidade.* São Paulo, Loyola, 1991.
WEBER, R. *Diálogo com cientistas e sábios: a busca da unidade.* São Paulo, Cultrix, 1988.
WEIZSÄCKER, F. von. *O tempo urge.* Petrópolis, Vozes, 1991.
ZOHAR, D. *O ser quântico.* São Paulo, Best Seller, 1991.

O Autor

Leonardo Boff é professor de Teologia, Espiritualidade, Filosofia e Ecologia. Trabalhou por mais de vinte anos como franciscano em Petrópolis/RJ, com um pé na Academia e outro nos meios pobres da periferia. Dessa combinação nasceu a Teologia da Libertação, da qual, juntamente com Frei Betto, é um dos expoentes.

É autor de cerca de 70 livros, entre os quais *Ethos Mundial*, *Espiritualidade*, *Tempo de Transcendência*, *A Oração de São Francisco*, *Fundamentalismo* e *Feminino e Masculino* (este último em co-autoria com Rose Marie Muraro), editados pela Sextante.

Leonardo Boff é professor emérito da Universidade do Rio de Janeiro, onde lecionou Ética e Filosofia da Religião. Foi professor-visitante nas universidades de Lisboa (Portugal), Salamanca (Espanha), Harvard (EUA), Basel (Suíça) e Heilderberg (Alemanha). Dá assessoria a grupos de base e é conferencista muito requisitado.

Ao longo dos anos, ele recebeu diversos prêmios por sua obra e por seu trabalho em defesa dos direitos dos pobres. Em 2001, em Estocolmo, foi agraciado com o Right Livelihood Award, considerado o Prêmio Nobel da Paz alternativo. Em 1992, ganhou o Prêmio Nacional dos Direitos Humanos.

É autor de *Ética da Vida, A Voz do Arco-Íris* e *Ecologia: Grito da Terra, Grito dos Pobres*, que serão relançados pela Sextante. Ele publicou *Jesus Cristo Libertador, Como Fazer Teologia da Libertação*, *A Águia e a Galinha* e *O Despertar da Águia*, pela Editora Vozes, *Brasa sob Cinzas*, pela Record, e *Mística e Espiritualidade*, junto com Frei Betto, pela Rocco.

CONHEÇA OUTROS TÍTULOS DE LEONARDO BOFF

ETHOS MUNDIAL

O tema deste livro é a necessidade de uma ética mundial fundada em consensos mínimos, como a erradicação da miséria, a eliminação das armas atômicas e um pacto de convívio e harmonia entre as religiões e culturas.

Um dos mais importantes pensadores cristãos da atualidade no campo da religião, da crítica social e da ecologia, Leonardo Boff reflete sobre essas questões e propõe um pacto planetário pela paz, pela justiça e pela solidariedade.

FUNDAMENTALISMO

Leonardo Boff amplia nossa compreensão do que é o fundamentalismo, mostrando que se trata de uma forma de ver o mundo presente não apenas no islamismo, o que se tornou comum pensar após os ataques terroristas aos Estados Unidos, como nas demais religiões, na economia, na política e em nossa cultura.

Além de uma esclarecedora apresentação da religião islâmica e das vertentes fundamentalistas das outras religiões, ele oferece uma visão histórica do processo de globalização e de sua relação com os conflitos no mundo inteiro, além de apontar as alternativas de que dispomos para construir uma paz duradoura entre os povos.

Inclui CD com palestra do autor.

TEMPO DE TRANSCENDÊNCIA

"Creio que a transcendência é talvez o desafio mais secreto e escondido do ser humano. Ele se recusa a aceitar a realidade na qual está mergulhado porque se sente maior do que tudo o que o cerca.

Com seu pensamento, ele habita as estrelas e rompe todos os espaços. Essa capacidade é o que nós chamamos de transcendência, isto é, transcende, rompe, vai além daquilo que é dado. Numa palavra, eu diria que o ser humano é um projeto infinito."

Leonardo Boff

Inclui CD com palestra do autor

ESPIRITUALIDADE

"A espiritualidade vive da gratuidade e da disponibilidade, vive da capacidade de enternecimento e de compaixão, vive da honradez em face da realidade e da escuta da mensagem que vem permanentemente desta realidade. Quebra a relação de posse das coisas para estabelecer uma relação de comunhão com as coisas. Mais do que usar, contempla.

Há dentro de nós uma chama sagrada coberta pelas cinzas do consumismo, da busca de bens materiais, de uma vida distraída das coisas essenciais. É preciso remover tais cinzas e despertar a chama sagrada. E então irradiaremos. Seremos como um sol."

Leonardo Boff

Inclui CD com palestra do autor

A ORAÇÃO DE SÃO FRANCISCO

Leonardo Boff transporta a oração de São Francisco para o mundo atual, ajudando-nos na assimilação dessa mensagem pronunciada através dos séculos por todos os povos e credos.

O texto nos conta a origem da oração, definindo a paz a que ela se refere, as causas que atentam contra a harmonia no mundo e a maneira de ser um autêntico instrumento de paz.

Cada frase é objeto de uma reflexão e acrescida de fatos que ajudam a compreendê-la. Depois da leitura deste livro, sempre que pronunciarmos esta oração, o nosso apelo estará fortalecido pelo espírito que fez deste santo um símbolo dos sonhos de felicidade e realização humana acalentados no fundo de nossos corações.

TERRA AMÉRICA

Com fotografias de Marco Antonio de Miranda

Quantos não gostariam de fazer uma viagem pelo continente americano, de pólo a pólo, e deixar-se fascinar pela diversidade imensa das paisagens, pelas montanhas soberbas, pelos rios incomensuráveis, pelas florestas exuberantes, pelas neves eternas e principalmente pelos rostos de tantos povos e etnias!

Marco Antonio de Miranda e seu filho Pedro fizeram esse percurso com câmeras atentas aos melhores ângulos. E nasceu este livro, *Terra América* – ele capta o sonho da Terra.

O texto de Leonardo Boff procura identificar o que se esconde por detrás daquelas imagens: os milhões de anos de trabalho da Mãe Terra para produzir o que hoje, extasiados, contemplamos.

De Leonardo Boff e Rose Marie Muraro

FEMININO E MASCULINO

Neste livro, Leonardo Boff e Rose Marie Muraro fazem uma análise profunda da sexualidade e mostram como os conflitos entre os gêneros podem levar à destruição da humanidade. É preciso estabelecer um convívio pessoal mais harmônico entre homens e mulheres, sem competição nem violência, e criar uma nova consciência, mais solidária.

Leonardo e Rose chegam às mesmas conclusões por caminhos totalmente diferentes. Leonardo faz um apanhado da sexualidade desde os primeiros seres vivos até hoje, e Rose se detém sobre os processos simbólicos e faz articulações entre a sexualidade, a família e o sistema econômico.

FUTUROS LANÇAMENTOS DE LEONARDO BOFF

A Sextante lançará novas edições
dos seguintes títulos de Leonardo Boff:

Ecologia: Grito da Terra, Grito dos Pobres

Ética da Vida

Ecologia, Mundialização e Espiritualidade

A Voz do Arco-Íris

CONHEÇA OUTROS IMPORTANTES TÍTULOS DA EDITORA SEXTANTE

André Trigueiro

MEIO AMBIENTE NO SÉCULO 21

Neste início do século 21, em que a Humanidade enfrenta o esgotamento acelerado dos recursos naturais do planeta num ritmo sem precedentes na História, 21 autores de renomado prestígio nos meios em que atuam, como Fritjof Capra, Leonardo Boff, Gilberto Gil, Alfredo Sirkis e Carlos Minc, foram desafiados a explicar de forma clara e objetiva como a questão ambiental se insere nas suas respectivas áreas de conhecimento.

O surpreendente resultado está no livro *Meio Ambiente no Século 21*, coordenado pelo jornalista André Trigueiro, com prefácio da Ministra Marina Silva e glossário com verbetes que traduzem o "ecologês" para o grande público.

David Niven

OS 100 SEGREDOS DOS BONS RELACIONAMENTOS

Por que tantos casais apaixonados acabam se separando depois que vão morar sob o mesmo teto? Quais são os segredos para se manter um relacionamento rico e amoroso em meio às demandas do trabalho, dos filhos e dos nossos próprios sonhos e planos?

Depois de analisar estudos e pesquisas científicas sobre os hábitos de namoro e casamento de milhares de pessoas, o psicólogo e cientista social David Niven reuniu dicas, conselhos e histórias para orientar todos aqueles que desejam ter uma relação sólida e feliz.

De Pema Chödrön

COMECE ONDE VOCÊ ESTÁ

Comece Onde Você Está é um guia indispensável para despertar a amizade e a compaixão por nós mesmos, ensinando-nos a usar as dificuldades da vida para desenvolver compaixão em relação a nós e aos outros.

Pema Chödrön nos mostra que não precisamos esperar pelo momento ideal para iniciar nossa jornada. Podemos "começar onde estamos", abraçando, em vez de negar, os aspectos dolorosos da vida. Através do trabalho com suas máximas e da prática da meditação, aprendemos a lidar com nossa própria dor e a abrir espaço para a alegria, o bem-estar e a confiança em nossas vidas e ao redor de nós.

OS LUGARES QUE NOS ASSUSTAM

Na maioria das vezes, tentamos nos proteger através da raiva, do ciúme, da inveja, da arrogância e do orgulho, mas não conseguimos vencer a incerteza e o medo com essas barreiras. Temos que aprender a nos relacionar com o desconforto usando outras ferramentas, como a bondade e a compaixão.

Neste livro, a monja budista Pema Chödrön nos ensina a confrontar nossos medos e dificuldades através de práticas que vão nos apoiar e inspirar nos bons e maus momentos e despertar uma coragem e sabedoria que nem sabíamos que tínhamos.

Marc Gafni

AS MARCAS DA ALMA

Com sábios conselhos e interessantes sugestões de atividades, o filósofo e rabino Marc Gafni nos leva a identificar as marcas da nossa alma, aquilo que nos torna únicos e preciosos. Assim, podemos nos conectar de forma mais profunda com nós mesmos, com os outros e com o mundo à nossa volta.

Gafni recorre à Cabala (a interpretação mítica e psicológica dos livros bíblicos) e a diversas outras fontes tradicionais e populares de sabedoria, como filmes e livros, e fala para todos os leitores, independente de suas crenças religiosas. Sua mensagem é de esperança: viver nossa história é descobrir o sentido de nossas vidas e encontrar paixão, satisfação e alegria em nosso dia-a-dia.

Thich Nhat Hanh

APRENDENDO A LIDAR COM A RAIVA

"A condição básica para a felicidade é a *liberdade*. Não estamos nos referindo aqui à liberdade política, e sim à liberdade que conquistamos quando nos libertamos da raiva, do desespero, do ciúme e das ilusões. Buda os descreve como venenos. Enquanto eles estão no nosso coração, é impossível ser feliz.

Vou lhes dar instruções concretas sobre como transformar o anseio, a raiva e a confusão que existem dentro de nós. Se seguirmos estas instruções e aprendermos a cuidar do nosso sofrimento, alcançaremos a paz e poderemos ajudar outras pessoas a fazer a mesma coisa."

Thich Nhat Hanh

Osho
O LIVRO DA TRANSFORMAÇÃO

As histórias e parábolas deste livro são ferramentas para a autodescoberta. Cada uma delas aponta para um caminho de renovação e mudança acessível a cada um de nós. São ensinamentos preciosos que nos instigam a buscar a verdade dentro de nós mesmos e a alimentar a nossa percepção.

O Livro da Transformação utiliza as mais tradicionais fontes de sabedoria do mundo. Há histórias sobre a paixão e o amor de Jesus, assim como sobre a pureza e a sabedoria de Buda. E como são contadas de forma simples mas contundente, elas tocam fundo nossos corações.

Eckhart Tolle
O PODER DO AGORA

Com mais de um milhão e duzentos mil exemplares vendidos em todo o mundo, *O Poder do Agora* se tornou um dos maiores fenômenos da literatura espiritual por sua capacidade de transmitir uma mensagem simples e transformadora: viver no agora é o melhor caminho para a felicidade e a iluminação.

Combinando conceitos do cristianismo, do budismo, do hinduísmo, do taoísmo e de outras tradições espirituais, Tolle elaborou um guia de grande eficiência para a descoberta do nosso potencial interior.

Domenico De Masi

O ÓCIO CRIATIVO

Neste livro, De Masi analisa não só os temas da sociedade pós-industrial, do desenvolvimento sem emprego, da criatividade e do tempo livre, como também as questões da globalização, do declínio das ideologias tradicionais e do novo arranjo de classes.

O autor demonstra uma profunda insatisfação com o modelo social elaborado pelo Ocidente, sobretudo pelos Estados Unidos, centrado na idolatria do trabalho, do mercado e da competitividade. E propõe um novo modelo em que os indivíduos são educados a privilegiar a introspecção, a amizade, o amor, as atividades lúdicas e o convívio.

Mitch Albom

A ÚLTIMA GRANDE LIÇÃO

Cada um de nós teve na juventude uma figura especial que, com paciência e sabedoria, nos ajudou a descobrir dimensões mais profundas e a escolher nossos caminhos com maior liberdade.

Um dos maiores fenômenos editoriais dos últimos anos, este livro conta a real e comovente história do reencontro do autor com seu velho e querido professor para tratar dos temas fundamentais da vida.

CONHEÇA OS 25 LIVROS MAIS POPULARES DA SEXTANTE

– *Muitas Vidas, Muitos Mestres*, *Só o Amor É Real* e *Meditando com Brian Weiss*, de Brian Weiss
– *Conversando com os Espíritos* e *Em Busca da Espiritualidade*, de James Van Praagh
– *A Última Grande Lição*, de Mitch Albom
– *Enquanto o Amor Não Vem*, de Iyanla Vanzant
– *A Oração* de *São Francisco*, de Leonardo Boff
– *O Ócio Criativo*, de Domenico De Masi
– *Mantenha o Seu Cérebro Vivo*, de Katz e Rubin
– *Por que os Homens Fazem Sexo e as Mulheres Fazem Amor?*, de Allan e Barbara Pease
– *Uma Ética para o Novo Milênio* e *Palavras de Sabedoria*, do Dalai-Lama
– *Histórias para Aquecer o Coração*, de Mark Victor Hansen e Jack Canfield
– *100 Segredos das Pessoas Felizes* e *100 Segredos das Pessoas de Sucesso*, de David Niven
– *Aprendendo a Gostar de Si Mesmo*, de Louise Hay
– *Um Dia "Daqueles"*, *Querida Mamãe* e *O Sentido da Vida*, de Bradley Trevor Greive
– *Você É Insubstituível* e *Dez Leis para Ser Feliz*, de Augusto Cury
– *A Vida É Bela*, de Dominique Glocheux
– *Faça o que Tem de Ser Feito*, de Bob Nelson
– *Não Leve a Vida Tão a Sério*, de Hugh Prather

INFORMAÇÕES SOBRE OS PRÓXIMOS LANÇAMENTOS

Para receber informações sobre os próximos lançamentos da EDITORA SEXTANTE, queira entrar em contato com nossa Central de Atendimento, dando seu nome, endereço e telefone para:

EDITORA SEXTANTE
Rua Voluntários da Pátria 45 – Gr. 1.404 – Botafogo
22270-000 – Rio de Janeiro – RJ
Tel.: (21) 2286-9944 – Fax: (21) 2286-9244
DDG: 0800-22-6306 (ligação gratuita)
E-mail: atendimento@esextante.com.br

Para saber mais sobre nossos títulos e autores, e enviar seus comentários sobre este livro, visite o nosso site:

www.sextante.com.br